擁抱，台灣的精靈。

ELVES OF TAIWAN

白心儀◎著

Formosan Giant Flying Squirrel

Formosan Yellow-throated Marten

Whited-Faced Flying Squirrel

Indo-Pacific
Humpback
Dolphin

Eastern
Grass-Owl

Formosan
Pangolin

推薦序

願心

陳浩／新聞人・媒體顧問

白心儀傷心的時候來找我，我竟然勸她：「寫一本書吧！」介紹好朋友余宜芳新辦的出版社：「一個可愛的人，有許多迷人的故事，會是一本好書。」我們都相信。

《我在動物孤兒院，看見愛》書出版了，我跟心儀、宜芳說，「我看見了一個運動，」我說的不只是campaign，而是movement，如果讓這本書走進學校，走向兒童和家庭。這本書是麥子，去播種，澆灌，在台灣的土地上讓故事生長，讓保育的善念生根。「這也許會是一本很有力量的書。」

站著說話不腰疼，我不過就只是一個愛出點子的傢伙，怎麼會想到這小妮子竟然發力奮力去做了。

她不斷把書中的長頸鹿、犀牛、棕熊、樹懶、亞洲象、石虎、黑熊的保育故事，帶進一所又一所的學校，一場又一場的不知疲累、歡喜互動的演講分享；同時她拍攝瀕危動物紀錄片仍然一步一腳印的走下去，開創了一個新的節目，《台灣的精靈》，在疫情蔓延的歲月，她深耕本土，走向高山大海，依舊冒險犯難，帶著奮不顧身的攝影隊伍，草鴞、穿山甲、黃喉貂、大赤鼯鼠、白面鼯鼠、白海豚、鯨豚等一個又一個讓人心疼、感動的畫面與故事呈現在觀眾面前。

這些本土瀕危精靈的存活蹤影的追尋太難，白心儀撒下大網，和台灣本地保育科學專家各種團隊聯繫密切，一有風吹草動，攝影隊伍立即飛奔而去，翻山越嶺，攀岩冒死，等待守望，攝影機從不眨眼。

在這個網路張揚視頻舞爪的時代，觀眾可以不擇時不擇地在各種平台觀看節目，心儀的台灣精靈紀錄片收視的成績相當出色。但我更相信文字的誠懇與感動力會帶我們走得更深更遠，我總忍不住問心儀，下一本書快了吧？

書稿交給我的時候，我是含著淚讀完的。

她筆下不只是精靈們坎坷求存的迷人故事，還有更多願意為瀕危物種的保育研究孤獨奉獻半生不怨無悔的身影。她也寫了不少與孩子和家長老師持續不斷的溫暖對話，都讓人動容。

《擁抱，台灣的精靈》的作者白心儀讓我看到了一群人願心的實踐，這已經不只是一本書，如果讀者都能感應到故事的呼喚，一起為台灣的精靈發願，就會像聖嚴法師說的那樣：「好願能帶來信心與幸福，力量不可思議。」

推薦序

為台灣精靈發聲的最佳代言人

胖胖樹王瑞閔／植物科普作家、插畫家

我相信大家會記得，台灣的野生動物有一位替牠們發聲的重要人物，她的名字叫白心儀。

因為喜歡野生動物，也是個愛吃鬼，我從《地球的孤兒》、《台灣一〇〇一個故事》兩個節目上知道心儀。看她拍攝美洲豹、樹懶、犀牛，還有我們台灣的黑熊、石虎等動物，既羨慕又敬佩。因為自己過去野外調查以及受訪的經驗，可以想像在嚴酷氣候條件下，節目拍攝與製作過程一定相當辛苦。一方面覺得很幸福，台灣拍出這樣精采的生態節目；一方面很敬佩，竟然有如此敬業且不畏艱難的主持人。而我萬萬沒有想到有一天有機會認識心儀。二〇二〇年十一月二十日，收到一封來信，是心儀第一本書《我在動物孤兒院，看見愛》即將出版的訊息。之後，不僅收到新書，還有心儀手寫的卡片。我十分意外，為植物發聲竟被自己敬佩的節目製作人暨主持人看到了。而卡片還有書的內容，更令人感動，再次被圈粉。

後來，因為對動植物的喜愛，對生態環境的關心，跟心儀漸漸熟識，常分享彼此到野外觀察動植物的經驗。有一回聊新一季的節目《台灣的精靈》，我突然靈光一閃，想到可愛的鼯鼠相關紀錄片不多，科學家對牠們的生態也還有許多不了解之處。於是我推坑心儀去拍鼯鼠，沒想到我們共同好友黃一峯老師一位朋友家中正巧有大赤鼯鼠母子進駐。

我太熟悉這種感覺了。就像我常說的：「不是我選擇了植物，而是植物選擇了我。」相信對心儀而言也是如此，不是她選擇要拍什麼動物，而是動物選擇了她。一次又一次，蘋果臉的阿草（草鴞）也好，當天使的小暨（穿山甲）也罷，還有飛寶（大赤鼯鼠）、雪寶（白面鼯鼠）等動物，都是如此。動物會自己來找心儀，請心儀替牠們發聲。

守在電視前看首播，看心儀用影片述說這些台灣精靈的故事，有歡喜，也有哀愁。不是那種誇張，帶冒險性質或戲劇效果的呈現方式，而是用心儀獨特的關懷視角，帶著觀眾認識這些跟我們生活在同一塊土地，卻又不太熟悉的寶貝們。不是抓過來看看放回去，而是在盡量不干擾的情況下去了解牠們的生態，感受牠們所面臨的生存壓力。

打開新書，字裡行間又讓我想起了電視裡的畫面：全球首次記錄雄性大赤鼯鼠跟母親一起照顧新生幼仔、母系社會的白面鼯鼠、集體擱淺的瓜頭鯨……也看到了一個製作人幕後的思考，為了拍好畫面一次又一次的等待，還有每一種動物小名由來的小插曲。一則又一則，字字句句都是心儀跟這些動物精靈間獨特的故事。

除了拍攝的辛苦，這些年來心儀製作節目還遭受過各種攻擊，令人心疼與不捨。但是，為了這些動物心儀一直堅持著，更令人動容。而且我相信，觀眾的支持，特別是到校園時孩子們的的熱情，都能夠給予心儀力量。當然，我們最開心的莫過於二〇二一年《台灣的精靈》獲得第二十六屆亞洲電視大獎「最佳自然節目」的獎項，於次年又獲得休士頓國際影展「最佳紀錄片」金獎。並且還在西班牙巴塞隆納的國家劇院播放。這不只是心儀的用心被世界肯定，也是我們台灣生態紀錄的驕傲。

記得小時候（一九八〇年代後期至一九九〇年代），每星期最期待的便是《頑皮家族》節目播出。那時候沒有網路，介紹野生動物的書籍也不多，電視只有三台，這個節目可說是我們這一代認識世界各地動物的最佳管道。有線電視與網路相繼出現後，更容易看到其他國家拍攝的野生動物節目了。然而，卻一直鮮少關於台灣本土動物介紹的節目。老天爺似乎聽到了大朋友小朋友的呼喚，二〇二〇年心儀開始策劃《台灣的精靈》系列，大家終於如願以償。

如果每個世代喜歡動物、喜歡生態的孩子心目中，都有一個重要的生態節目與節目主持人，那《地球的孤兒》無疑是當下台灣最重要的生態節目，而心儀就是大朋友小朋友心目中，替台灣精靈發聲的最佳代言人。

好評推薦

記得在二〇〇三年五月初，從心儀手上拿到《擁抱，台灣的精靈》熱騰騰的初稿，感覺就好像是瞬間，立刻地把整本書啃了一遍……。

從心儀製作的節目，到心儀的這一本書，分別可以自影像到文字，感受到心儀對於這些如同精靈般存在的頻危動物相關議題，真誠，更是發自內心地關懷；並透過真實的影像與文字，深深地感動了大家！

保育行動是刻不容緩，謝謝心儀用溫暖的影像與文字，讓我們更多人可以繼續向前行！

王浩文／成大鯨豚研究中心主任

繼七大洲遠征之後，心儀和她的影像團隊疫情期間在台灣也閒不住。她繼續用精采、生動又幽默的文字書寫家鄉裡的神秘鄰居——草鴞、飛鼠、穿山甲、黃喉貂與鯨豚的私密世界，或者說，悲慘世界。她同時也記錄了許多孤獨堅定的研究員，山裡來水裡去的身影，他們用生命為這些生物留下研究紀錄，提供超人等級的神救援。心儀的精靈故事在許多孩子心中種下了保育的種子，我們大人們當然更該加入這個善的循環，讓這塊土地成為更適合多元生命生養成長的環境。

吳金黛／金曲獎生態音樂製作人

《擁抱，台灣的精靈》文字溫暖易讀，透過心儀的視角，帶領讀者直擊野生動物的生活史，深刻了解野外生態調查的甘苦與動物生態研究者對自然的熱愛。除了讓立足在這塊土地上的我們更加了解比鄰而居的大自然精靈，更能進一步思索人與自然和諧共存的永續之道。

林華慶／林務局局長

從小觀察野生動物，對於我來說，觀察即是生活。隨著開發，許多「好鄰居們」紛紛地消失，長大後的我，發現觀察動物不再像是小時候那麼容易。

近幾年保育做得越來越好，環境的議題日益受到重視，喜歡觀察動物的人也變多了，用心做節目的團隊，讓大家發現，許多與我們共生的動物就在你我身邊，有很多人為了保育默默的努力著。《台灣的精靈》這個節目向下紮根的力量不容小覷，艱辛的拍攝過程、漫長的等待、資料的統整，心儀將過程化作文字，透過此書，彷彿讀者也能身在其中，書中有句話：「喜歡動物不是把牠圈養起來，而是真正了解動物在野外的狀況與危機。」觀察動物很有趣，也許下一個動物就出現在你的筆記中。

林青峰／生態觀察家

《擁抱，台灣的精靈》，紀錄了台灣瀕危特有生物。野生動物研究員的日常是枯燥、嚴肅的，心儀透過文字描繪調查各物種和研究人員的一舉一動，傳達動物與人類之間的愛，更經由拍攝嚴峻的研究工作過程，帶領讀者看見那些隱身的「精靈」不為人知的故事。謝謝心儀運用生動活潑的敘事來呈現大自然的美麗與哀愁，希望籍由這些小精靈們的故事更能激發人們愛護野生動物、保護環境的熱情。

孫敬閔／屏科大野保所助理教授

心儀是國內媒體傳播界內少見的實踐行動者，由於本身對於野生動物的熱愛，在完成踏遍世界的壯遊後，回到台灣持續跟隨著研究人員的步伐，不畏艱難挑戰上山下海的田野調查工作。

自然界生物具有不可言喻的魅力，作者在字裡行間流露的思念牽掛，細膩的個人觀察和生動的文字描述，忠實還原了許多研究者和觀察對象之間有趣的小故事，讓人恍忽間彷彿有如親臨現場的錯覺；除此之外，書中物種生態知識介紹詳實考究，資料補充淺顯易懂，是感性與知性同時兼具的自然文學作品，值得推薦。

曾翌碩／臺南野生動物保育學會研究員

本來以為鏡頭前美美的女主播只是策劃拍攝內容，擔任心儀紀錄片的視覺設計之後才知道，無論高山、大海，也不管天候如何，每一次的拍攝她一定都會親力親為的跟著攝影師到動物所在的現場，她對於紀錄的堅持，有時連我這野生動物攝影師也有點自歎不如。常在言談中能感受到心儀發自內心對於生命的關愛，更可貴的是她將在大自然裡感受到的一切，用最真實的方式呈現給大眾，為不會說話的野生動物發聲。這是一本真誠、有愛的書，推薦給大家，讓我們一起守護台灣的精靈。

黃一峯／四屆金鼎獎科普作家　生態教育工作者

阿傑跑過世界各地的雨林，每次心中所想念的，還是在台灣所觀察的各種生物，畢竟這是我出生長大的環境，對於這塊土地有著不可磨滅的情感。

從各種常見的動植物，到珍貴稀有的保育類動物，每一種生物都有牠需要的環境。放眼現在，全世界都在提倡保育，台灣自然也不落人後，更有著一群人，努力奉獻時間，紀錄台灣這片土地最珍貴的精靈。

翻開這本書，全是神獸般的物種，藉由心儀充滿情感的文字，可以感受到她對這些生物的堅持與喜愛，也能了解這些生物的棲地、生態行為，與面臨的困境，讓我們一起擁抱台灣的精靈。

黃仕傑／科普作家　生態節目主持人

我很榮幸能認識白心儀，也很慶幸台灣的媒體界有白心儀。心儀的新作《擁抱，台灣的精靈》一書，內容以生動的筆觸描寫草鴞、穿山甲、黃喉貂、大赤鼯鼠、白面鼯鼠、白海豚和鯨豚等「台灣的精靈」追蹤全紀錄，讓大家驚嘆台灣生物多樣性之美！更重要的是心儀以她赤子之心，結結實實地給這些保育工作者及愛護生態默默付出的朋友們，一個滿滿大大的溫暖擁抱！

楊嘉棟／行政院農委會特有生物研究保育中心主任

跟著心儀的文字走入野生動物的生活，酸甜苦辣生動的呈現在眼前，看著小暨落淚，又看著孫老師的冷笑話嘴角失守。台灣的精靈有時候連身為台灣人的我們都不認識，看著心儀跟著研究人員上山下海，無論多艱難都堅持下去，才讓我們看到這些精靈可愛、靈動又或是悲慘的一面，在在提醒我們身而為人，勢必能夠為牠們做些什麼，無論你對於野生動物認不認識，都要跟著心儀的文字走一趟！

綦孟柔／野灣野生動物保育協會創辦人

（按姓氏筆畫序排列）

自序

台灣的精靈，是你

為什麼節目叫做《台灣的精靈》？

二〇二二年三月參加西班牙巴塞隆納影展的決選，主持人提問。

其實，那一夜的線上記者會，我是靠意志力撐過來。當晚拍攝飛鼠拍到半夜兩點，回家斜躺在沙發，妝不敢卸，眼皮也不敢放鬆，因為，時差的緣故，台灣時間凌晨三點半，我得準時上線參加記者會，專訪的時候，上框一定要美美，不能面露疲憊。

知道她一定會問這問題，我有備而來。

精靈，Elves，存在我們身邊，我們卻看不到，《台灣的精靈》就是我們知道某些物種存在，但是目擊的機率少之又少。例如，被稱為「幻獸」的草鴞、被封為「神獸」的穿山甲、只剩不到五十隻的白海豚；以及隱藏於夜色的鼴鼠，奔馳台灣屋脊的黃喉貂，這些稀少難見的動物，不正是台灣的精靈，Elves of Taiwan 嗎？

• • •

我從二〇一六年起，製播台灣第一個以全球瀕危物種為主題的自然紀實節目《地球的孤兒》，接續推出《熊的國度》、《貓的消失》系列，二〇二〇年策劃《台灣的精靈》系列，分別記錄台灣陸域、空域、海域最瀕危稀少的特有生物，並且參與最艱辛的動物救援任務，以及最權威的科學調查計畫。從空中救援、海上調查到地底挖骨，從不同的視角觀點，全方位記錄台灣陸、海、空特有種的保育與復育。《台灣的精靈》亦呈現台灣最多樣的地景環境以及特有生物，包括大草原的野生梅花鹿群、高山冰凍森林的條紋松鼠、台灣最大天然淡水湖的遷徙候鳥……，透過壯麗的自然景觀，帶觀眾探索台灣多元的生態樣貌。這個系列也在國際各大影展屢獲殊榮，包括二〇二一年贏得亞洲電視大獎「最佳自然節目」的肯定，隔年也榮獲休士頓國際影展「最佳紀錄片」金獎。

這兩年我跑遍各大校園，特別是偏鄉學校，以及動物棲地上的學校，一遍又一遍說著《台灣的精靈》的故事，並且傳達保育觀念。在苗栗石虎的棲地，我會教孩子認識石虎，分辨石虎和貓咪的不同，並且告訴他們這些一起生活的可愛物種，因為路殺犬殺毒殺和棲地破壞，已經漸漸從我們身邊消失。在台南草鴞的棲地，我會談草鴞「阿草」的故事，在穿山甲的棲地我會突顯穿穿的斷尾危機……，保育需要在地化，生活化，更需要向下紮根。我自己沒有孩子，但是我真心想為下一代的生態教育，奉獻心力。

生態節目燒錢燒時間燒人力心力，收視收益獎項的回饋往往不成比例。對我而言，一個節目存在的價值，在於有多少觀眾，因為這個節目改變了想法、作為甚至價值觀。我深信，多年來，我的節目已在許多觀眾，特別是小小觀眾的心中，留下了深遠正面的影響。節目中所拍攝的、不同國家的瀕危物種，以及人類傷害生態環境的行為，已喚起觀眾的保育意識，並反思自己能為地球多做一些什麼。

特別是《台灣的精靈》系列。

台灣的精靈之所以特別引發觀眾共鳴，因為這些都是與我們真實共生的動物啊！

•••

記得二〇二一年疫情最嚴重的三級警戒時期，學校停課改採線上教學，那段期間，全台各地的小朋友都在線上收看《台灣的精靈》。有老師帶著學生看，有家長帶著孩子看，也有安親班的課後輔導，觀看並討論台灣的精靈。孩子們看完，還要交功課，許多小學生的暑假作業是寫觀後心得，以及畫出節目中最喜愛的動物。

我為什麼知道？

因為我收到好多來自老師和家長的訊息，以及雪片般（真沒誇張）傳來的創作作品，有手繪版，有作文版，有注音版，還有親子共同完成的美術勞作。我才知道，原來，台灣的精靈，陪伴多少台灣的孩子，度過了疫情最艱難的那幾個關在家裡的月份。

一年級的小朋友們畫了穿山甲，並且寫下：

「希望穿山甲不要被壞人灌水泥，不要被流浪狗咬傷。」

「希望穿山甲不要被壞人抓走，穿山甲很可憐，我們要保護牠。」

二年級的小女生，用國字和注音寫下她的保護動物宣言：「人類不要再開發土地，害很多動植物死亡，農夫不要放老鼠藥，會害吃老鼠的動物被毒死，也不要放鳥網，因為草鴞可能看不清楚就撞上去。」畫作上，妹妹特別多畫幾隻老鼠給草鴞吃，還有一巢蛋！希望小草鴞都能平安孵化。

一位資源班老師，分享三年級學習障礙的孩子寫下的感想。弟弟說，他從節目當中，認識到鯨豚不只有一個顏色，此外，好多大哥哥大姐姐都在救鯨豚。在他的畫裡，鯨豚都是相親相愛的一對！海裡還有魚有水母、水草，生態豐富。老師感動的說，學習障礙不會影響孩子對動物生態的關心，只需要更多引導。

「孩子都會牢牢記住節目內容！謝謝您們為孩子帶來快樂，我們都很愛這些動物。」

「今年暑假，因為你們，豐富了孩子們的知識，他們因此更愛動物，也學會更多更多保育知識，謝謝你們製作呈現這麼棒的故事，讓我和孩子們重新認識這一切。」

「孩子們看的都很感動，也更想要幫助這些可愛的動物。謝謝你們的好作品，為孩子在心中埋下善的種子！」

每每讀到老師和家長寫的這些話，內心和眼眶，總是溫熱。

「謝謝心儀姐姐送給孩子們這麼好的節目。」

不不不，是我要謝謝你們，謝謝你們讓我的節目，成為這個夏天最美好深刻的影像，謝謝你們讓台灣的精靈牽動你們的心跳。從每幅畫，我看到未來生態保育的希望，已有學生發願，長大以後想當獸醫師！我深信，良善的種子已經萌芽，未來將長成堅實的大樹，開枝散葉。

CHAPTER 1

草原精靈．．草鴞

1 其實是「萌」禽

草鴞已被放在會客室，安置在紙箱，等待「會客」。打開紙箱，一張蘋果臉，好奇地探出來，黑溜溜的大眼睛無辜地與我對視。「砰！」沒有防備，我瞬間被牠的可愛擊中，心跳漏拍，一見鍾情。

草鴞應該是最不像猛禽的「萌」禽了。

所謂「猛禽」，依照字面解釋，意思是「兇猛的鳥類」。台灣記錄過的猛禽一共四十六種。猛禽分兩大類，一類「隼形目」，也就是俗稱的「老鷹」；另一類是「鴞形目」，我們常叫牠「貓頭鷹」。隼形目的猛禽主要在日間活動，又稱為日行性猛禽，而鴞形目多半在夜間出沒，也叫做夜行性猛禽。草鴞，在鳥類分類學上，被歸類為夜行性猛禽。牠是台灣十二種夜行性猛禽當中，唯一在草地棲息繁衍築巢的「地棲型」貓頭鷹。

雖然名為猛禽，草鴞那張可愛無害的蘋果臉，可一點都不猛。紀錄片開拍前，我不知道地球上存在這麼萌的猛禽，就像從卡通走出來的角色。牠的臉，太奇特了，像剖開一半的蘋果，又像一顆心的形狀，緊緊牽繫你的心。

其實，超大比例的心型面盤，是牠的碟型天線，或是小耳朵（五六年級生都有過衛星小耳朵回憶），接收來自各方的聲波。靈活的頸部肌肉，可以輕鬆旋轉二百七十度，形成無死角的全方位視野，一顆頭左轉右轉怎麼轉都不會卡卡，有時候還能轉成像恐怖片那種腦袋上下錯置的驚悚模樣。草鴞眼前端像煙燻妝的黑色塊，能夠降低日照過強產生的眩光，一雙長腿特別適合在草叢快速行走。生存裝備看似齊全，草鴞卻是台灣最稀少的貓頭鷹，數量不超過五百隻。專家學者對於這個極度瀕危的一級保育類動物，研究資料主要來自救傷個體。

每年四五月份，一輛草鴞救援專車，幾乎每日奔馳在台南和屏東之間。目前台灣草鴞中網機率最高的地方，就在屏東空軍基地。機場跑道大片草生地，向來是草鴞喜歡利用的棲地。鳥網救援的案例中也大多來自機場的鳥網。二十多年來，曾翌碩接獲的救傷通報當中，超過九成是誤中鳥網。

由於草鴞是夜間活動，中網時間多在晚上，被發現的時候往往遲至早晨，等於一整晚都掛在鳥網痛苦掙扎，有的還會用力扭動試圖掙脫，導致嚴重拉傷，骨頭和關節全錯了位，無法再飛行。尤其是夏天，溫度跟光線都很強，曝曬兩個小時已經嚴重脫水，很多個體都救不回來。鳥網已成為草鴞生存面臨的主要危機之一，但是為了飛安，起降跑道必須掛鳥網嚴防鳥擊，飛安和保育之間的兩難，目前依舊無解。

《台灣的精靈》在國際各大影展屢獲殊榮，包括 2021 年贏得亞洲電視大獎「最佳自然節目」的肯定，隔年也榮獲休士頓國際影展「最佳紀錄片」金獎。這座小金人，李安和史蒂芬史匹柏大導演都曾握在手心。

這兩年跑遍各大校園，特別是偏鄉學校，以及動物棲地上的學校，一遍又一遍說著《台灣的精靈》的故事，並且傳達保育觀念。

節目播出後，收到來自全台各地小朋友們的畫作。每一幅畫都充滿孩子們對野生動物的愛，很溫暖很美好。

2021 年疫情最嚴重的三級警戒時期，學校停課改採線上教學，《台灣的精靈》陪伴許多台灣的孩子，度過了最艱難的那幾個關在家裡的月份。

雖然名為猛禽，草鴞那張可愛無害的蘋果臉，可一點都不猛。紀錄片開拍前，我不知道地球上存在這麼萌的猛禽，就像從卡通走出來的角色。(曾翌碩攝影)

草鴞的臉像剖開一半的蘋果，又像一顆心的形狀，非常奇特。牠的面盤顏色會隨年紀改變，棕褐色是未成年，成年的臉色是白色。（曾翌碩攝影）

草鴞有非常靈活的頸部肌肉，可以輕鬆旋轉二百七十度，形成無死角的全方位視野。（曾翌碩攝影）

剛離巢的草鴞幼鳥，環境陌生、經驗不足，很容易誤入鳥網。腳環編號 134 阿草就曾經連續誤入鳥網四次，團隊也參與牠的救援野放再救援再野放的生命歷程。（曾翌碩攝影）

阿草，下次再見面，可別在救援站，希望會是在哪片星空下的草原。（曾翌碩攝影）

台灣每年秋冬乾旱季節，最容易發生野火災害，這個時節，偏偏又是草鴞的繁殖季，築在地面的鳥巢，只要一場火，蛋和巢全燒毀了。

草鴞的野外目擊率極低。許多自然紀錄片導演、專業鳥類攝影師，甚至生態研究員，聽聞團隊要拍草鴞，都說了一句「GOOD LUCK ！」祝你好運，慢拍。（曾翌碩攝影）

• • •

四五月是草鴞幼鳥離巢的高峰，三兩天就有鳥觸網。剛離巢的幼鳥，環境陌生、經驗不足，很容易誤入鳥網。這段期間，臺南野生動物保育學會的研究員曾翌碩不是在救援，就是在救援的路上。整個救傷流程是這樣的：接獲屏東基地的通報，來電時常是大清早，因為機場開場前得先查場，確認場內的鳥網，有無鳥類掛網；接著從台南出發，把受傷的草鴞接回保育學會的救傷站治療照養。如果傷勢沒有大礙，休息觀察，當日傍晚又載回屏東野放。

曾翌碩曾經一天內接過三次電話，來回跑了六趟，半夜還在高速公路狂奔。一人一車，來來回回，二十年不曾間斷。

「不累嗎？」我聽了都累。

「累啊！怎麼不累！」語畢，阿碩式的大笑。

我太懂阿碩的心境了。懂得長年極度疲累的交瘁，懂得因著理想理念的堅持，最終自我解嘲、自我釋懷的大笑。

「不累嗎？」亦是我最常被問及的。

「累啊！怎麼不累！」我也是這樣笑著回答。

長年製作主持兩個節目，一個是以人文飲食為主題的《台灣一〇〇一個故事》，一個是以自然生態為主題的《地球的孤兒》。我的日常，不是拍食物就是拍動物，人力和時間都壓縮到最緊繃極限，有時候，甚至上午拍食物下午拍動物。拍食物的過程，也會出現動物的緊急狀況。例如拍攝烘焙，突然接獲三頭糙齒海豚集體擱淺沙灘的通知，我們立即掉頭，頂著滂沱大雨，記錄驚心動魄的鯨豚救援；還有一次在高雄內門拍攝總鋪師辦桌，黃美秀老師急電告知，「台中大雪山森林樣區，有黑熊踩進研究團隊設置的捕捉籠！」丟下拍一半的封肉，用風的速度，拉著攝影狂奔左營高鐵站，趕在車門關上的最後幾秒鐘，縱身擠進車廂，一路站到台中高鐵站下車，再直驅大雪山。任務非常臨時，沒有任何裝備，沒有登山鞋，連續幾日大雨，山路泥濘濕滑，美秀老師砍了一根助行竹杖給我，「心儀你慢慢走，小心滑。」交代完這句，老師「咻」一聲從我視線消失，她的腳程快到像熊一樣。我跟在後面一邊滾一邊滑，兩條腿都摔出瘀青。但能搶在第一時間記錄黑熊捕捉繫放的關鍵過程，值得！過癮！不痛！

「你肯定愛慘你的工作！」長期過勞，免疫系統失調，肋骨神經發炎依舊打死不退，親友們往往作出這樣的總結。尤其寫稿的時候，我經常半夜失眠，一個人呆坐客廳發傻。

「你會把自己搞瘋！」老公屢次勸言，希望我放過自己。

「可是，我愛慘了我的工作。」

•••

與草鴞的初次見面，同樣是在另一個拍攝日程中，緊急轉向的美麗意外。

那一日是二〇二〇年五月七號，沒錯，我記得很清楚，當時正驅車趕往台南四草的鯨豚急救站，途中阿碩忽然來電，「有一隻草鴞中鳥網，我要趕去屏東空軍基地接牠，要不要去？」

當時，四草救援站收治一頭迷航擱淺的小虎鯨。小虎鯨一度卡在消波塊，全身傷痕坑坑巴巴不忍卒睹，肺部嚴重感染情況危急。獸醫團隊預計從深夜開始施行療程，掂掂時間，勉強能再擠出一點縫隙先衝屏東，「等我！我來了！」

抵達基地，草鴞已被放在會客室，安置在紙箱，等待「會客」。

打開紙箱，一張蘋果臉，好奇地探出來，黑溜溜的大眼睛無辜地與我對視。

「砰！」沒有防備，我瞬間被牠的可愛擊中，心跳漏拍，一見鍾情。

小傢伙看上去精神體力還不錯，初步檢查無明顯外傷，倒是灰頭土臉的，「可能牠中網的時候在地上拖行，不過弄這麼髒也算罕見。」阿碩輕輕拍了拍草鴞的頭，立刻揚起灰塵，「吼，你也太髒了！」像是小孩在泥地跌跤，家長把孩子拉起來，安慰地拍掉髒髒的灰土說「沒事沒事！」就是這種感覺。

外型酷說話冷的曾翌碩，唯有在草鴞面前，才不小心洩漏溫柔。

「叫你草鴞哥哥好了。」我真心。

「噢不要，好噁心！」他誇張地摀住胸口，邊講邊逃。

按照救傷 SOP，原本要用軟布把草鴞包起來穩定情緒，「牠個性滿穩定的，一般遇到光線和環境噪音容易躁動，牠很安靜。」所以沒「打包」，就讓牠靜置在箱子內。我不清楚鳥的「個性」是什麼樣，這隻草鴞卻溫馴到逆來順受。雖然無法立即分辨是公是母，但是從棕褐色的臉面，能判斷出這隻草鴞未成年，因為成鳥的臉色，會從棕紅色漸漸淡為白色。換句話說，氧化的蘋果是亞成體，成體的，是白蘋果。

以前我只知道白海豚的體色會隨年齡變化，從幼豚的灰色，慢慢轉為白色、粉紅色，不曾想，草鴞也會「變臉」。邊拍攝拍學習，製作生態紀錄片的珍貴收穫莫過於此。

天色已晚，曾翌碩就近把草鴞送到屏東合作的動物醫院，評估能否立即野放。我搬起紙箱，幾乎感覺不到重量。

「怎麼這麼輕！」

「不然你以為牠多重！」

確實沒概念，總覺得頭這麼大一顆，該是紮實沉甸，結果牠才四百多克。

檢查的過程，經驗老道的獸醫師握住草鴞尖銳爪子的腳，拉了拉翅膀，捏了捏胸骨，「翅膀沒被夾壞，肌肉沒被割傷，胸肌有點偏瘦……。」聽到這，乖乖仰躺的草鴞開始不耐，突然對著那隻「摸骨」的手，撲咬過去。幸好醫師反應快，瞬間彈開，否則被鉤狀利嘴啄到，一點都不有趣。「草鴞是謎樣的鳥，夜間活動，白天看不到，我看到的不是受傷就是死掉的，看過的屍體比活體多。牠運氣不錯，沒受什麼傷，可以回家啦！」獸醫師決定放行。

掛上編號一六五的藍底白字腳環，曾翌碩選擇一個視野開闊的地方野放，「可以離開了！這裡視野不錯，應該很快可以找到回家的路。」

能離開的，都算幸運了，救傷站的冰櫃裡，有更多連離開的機會都沒有。冰存的草鴞屍體，羽翼還纏繞千絲萬縷的鳥網，「這一隻草鴞死亡的主因，是因為掛在鳥網上的時間太長。牠有戴腳環，代表過去曾經被我們救過，可惜牠又重複中網，第二次的運氣，就沒有第一次那麼好了。」

其實，草鴞重複中網的案例為數不少，曾有連中七次獲救七次、被封為

LUCKY 7 的幸運草鴞。而我則親身參與了一隻連續誤入鳥網四次的草鴞「阿草」，救援野放再救援再野放的生命歷程。

曾翌碩採取強迫灌食的方式，把鼠肉剪成小塊小塊，一口一口塞進牠的嘴裡。病患有進食就有復原的希望，阿草恢復很快，想必牠急著回家，因為牠已經是人家的老公和老爸。

2 四次掛網的阿草

二〇二〇年十一月十一日初見阿草，牠腳環編號一三四，這是牠的身分證號碼。

「一三四熟面孔了！」阿碩說，這次第二次見面。

「叫牠阿草如何？」我貪戀那張無辜的蘋果臉，緊緊盯著。

「我們通常不會為救傷動物取名字啦！都是編號！」完全科學家的理性。

「可是我節目很多小朋友在看，有名字才容易產生情感連結，產生同理。」

「好啦好啦，阿草就阿草！」拗不過，投降。

阿草第一次誤入鳥網，是在二〇一八年十二月二十五日耶誕節，獲救不到二年，牠又再度落網。牠的心情顯然很差，一整晚懊嘟嘟，東西也不肯吃。擔心牠體力承受不住，拉傷的傷勢惡化，曾翌碩採取強迫灌食的方式，把鼠肉剪成小塊小塊，一口一口塞進牠的嘴裡。一開始，阿草嘴巴左晃右晃有點抗拒，眼看東西一直「嘟」過來，無處閃躲，才肯乖乖就範。

「要小心，食物不能跑到氣管，」像餵小孩一樣，超級鐵漢父愛噴發，「血水……來，嘴巴擦一下。」

「我認為阿草的狀況是好的，至少牠有吃東西的意願，我們之前遇過中毒的草鴞，因為內出血，食物一下肚立刻吐出來。」

所謂中毒，是中老鼠藥的毒。但是，草鴞怎麼會吃到毒鼠藥呢？原來，老鼠是草鴞的主食，如果誤食中毒的老鼠，草鴞也會間接受害。目前，還是有農民在耕地放毒鼠藥防鼠害。目標是老鼠，卻誤傷了草鴞。現在保育單位已經在草鴞的棲地推廣友善環境的無毒耕作，希望能降低鳥類的毒害。

病患有進食就有復原的希望，阿草恢復很快，想必牠急著回家，因為牠已經是人家的老公和老爸。阿草第一次野放，身上戴過發報器，一百四十七天後發報器突然脫落，研究員沿著訊號追蹤，找到育雛的巢穴，研判阿草已經成家。

「還好母草鴞不會因為牠戴發報器怪模怪樣，就排擠或拒絕牠。」阿碩說，必須盡快讓牠回家，不然老婆可能帶著小孩跑了。經過十二天的休養生息，阿草的腳傷復原得相當不錯，「試飛」順利過關。然而，上次裝的發報器脫落了，這一回野放牠得再裝一次，好讓研究人員繼續追蹤牠的動向。曾翌碩把阿草載到臺中市野生動物保育學會，專程從台南跑到台中裝發報器，需要這麼「搞剛」嗎？「因為他們最有經驗。」唯一指定，絕無二心。

在草鴞背部裝設衛星發報器，確實不是容易的事，需要絕對純熟的技術。學會的研究員讓阿草用揹的方式，把發報器揹在背上，像是帶背包出門遠足。發報器的重量在十四到十六公克之間，不超過體重的百分之三到百分之五。

草鴞看起來頭大大的，身體其實很輕，重量大約落在四百二十克到五百五十克。猛禽類的母鳥，體型多半比公鳥大一點，才能保護巢中的蛋和幼雛，而公鳥體型較小，行動敏捷方便狩獵。換句話說，雄性是M號，雌性是L號。大蘋果是女生，小蘋果是男生。

「該是說再見的時候了。」阿碩讓我抱著紙箱，在向晚的深秋，步行到野放地點。

「不要再中鳥網啦！」草鴞哥哥輕聲交代。

「平安活著，不要再見！」臨別前再次叮嚀。

「一、二、三……」紙箱打開，昏暗天色中，阿草振了振翅膀，再度離去。

阿草，下次相遇，可別在鳥網前，希望會是在哪片星空下的草原。我誠心默禱。

•••

野放的四個月後，也就二〇二一年三月底，忽然收到阿碩的訊息，「你的阿草又中網啦！」

啊！不是，怎麼又！

第三度救援落幕，故事還沒結束，二〇二一年十二月二十六號，又是耶誕季，阿草第四次掛在鳥網上（暈）。牠福大命大，整隻好好沒事，只到救傷站打個卡，吃幾根老鼠冰棒，就回家找老婆了。老是挑在聖誕節來訪，這個天上掉下來的聖誕禮物，可讓收禮人收得驚心動魄啊！

老鼠冰棒是曾翌碩救傷站冰箱的「常備良品」。萬一突然有草鴞到訪，總得拿些食物招呼。臨時沒有新鮮鼠肉，冰凍過的老鼠冰棒也是超實用的營養補充品。

「至少，牠還活著。牠活著，讓我們做的所有事情都非常有意義。我們沒有讓牠死亡，而且牠活得好好的，這個物種帶給我們振奮的希望。」

不只帶來希望，阿草也帶來研究員的極品，那就是，嘔—吐—物。

真的是嘔吐物，科學術語叫「食繭」，草鴞吐出來的食繭，裡頭就是牠吃下肚卻無法消化的殘骸，這些殘骸多半是老鼠的骨頭。原則上，牠每八到十個小時會吐一顆。有時候，要計算草鴞在某處逗留多久，計算食繭也是一種方法。

「這是牠的食繭，新鮮的！還有老鼠的尾巴在裡面！」拿起一顆黑黑濕濕黏黏的東西，阿碩如獲至寶，眼睛發亮。我常說研究員不是正常人，而是看到大便和嘔吐物會開心很久的非常人。他們在地上撿到動物糞便，應該比撿到錢還興奮，因為大多時候，看見排遺的機會，比看見動物「本人」多得多，特別是黑熊、石虎、穿山甲、草鴞這類來無影去無蹤的幻獸。所以，當便便或嘔吐物出現，總是感動萬分銘感五內，小心翼翼仔細打包，帶回去研究分析。

多年下來，曾翌碩在野外蒐集的草鴞食繭，數量超過三百顆。每一顆食繭，放置在獨立的塑膠容器，標上編號、日期以及抽絲剝繭後的內容物，食繭內的老鼠頭骨，還要漂白脫色……，他說這樣看起來至少不會太噁心。我覺得他的行為根本是強迫症，果然是「鴞郎」，三百多個圓型塑膠盒整整齊齊排開，讓我雞皮疙瘩肅然起敬。這就是研究員異於常人的調查精神。

「食繭可以告訴我們，草鴞吃了什麼東西。這在科學研究上是很重要的基礎資料，我們必須了解牠吃什麼、喜歡吃什麼，才能理解牠們跟環境之間的關係。」

曾翌碩鑽研草鴞的菜單，並且鑑定出鬼鼠、月鼠、小黃腹鼠，赤背條鼠多種鼠類。

除了老鼠主菜，昆蟲、青蛙、野兔甚至其他鳥類等配菜也都吃，有什麼吃什麼，算是依照天候環境調整的無菜單料理。獵物的種類也能幫助了解棲地的樣貌。因為，關於草鴞仍有太多未知未解的謎團。奇特的是，這個行蹤隱密的夜的精靈，生活範圍竟然與人類高度重疊。

3 神隱鄰居

沒看到是正常的。草鴞的作息和人類完全相反，多半在入夜後的一個小時開始活動，並且在不同的覓食區往往返返，天亮以前才回到日棲地睡覺休息。所以就算生活在同一個空間，也很難察覺對方的存在。

草鴞的野外目擊率極低。許多自然紀錄片導演、專業鳥類攝影師，甚至生態研究員，聽聞我要拍草鴞，都說了一句「GOOD LUCK!」祝你好運，慢拍。

雖然目擊率低，草鴞的巢位卻出乎意料地親民與接地氣。阿碩帶我跑了幾個地點相當有趣的巢區。如果不是透過衛星發報器的追蹤，實在無法想像，這樣的環境竟然會有草鴞！

我們首先來到一片空地，四周有民宅，有車流頻繁的橋樑，還有卡拉ＯＫ店！入夜以後，卡拉ＯＫ的樂聲歌聲都很大聲，沒料想，噪音和燈光都不影響草鴞入住的意願。

「過去像這樣的環境，我們都直接跳過省略，直覺草鴞不可能出現在這，沒想到，竟有一窩草鴞誕生！如此神秘的物種，選擇完全不隱密的地方繁衍下一代，而且就在人類的旁邊，我們渾然不知。我覺得這將是在草鴞的保育上最大的難題，因為，你要如何說服周圍民眾，告訴他們這裡有草鴞，居民會說怎麼可能，根本沒看到！」

沒看到是正常的，草鴞的作息和人類完全相反。草鴞多半在入夜後的一個小時開始活動，並且在不同的覓食區往往返返，天亮以前才回到日棲地睡覺休息。所以就算生活在同一個空間，時間利用的順序不重疊，也很難察覺對方的存在。

接著，我們轉往第二個更不可思議的草鴞居所：市區博物館後方的空地。

「現在我們的位置在台南的安南區，這是衛星發報器追蹤出來的定位點，你可以看到這是歷史博物館，所以這隻草鴞非常有書卷氣，還會挑這種地方。我覺得，在都市高開發的環境裡也能看見草鴞棲息的蹤影，真的是很神奇，當然這樣的景觀能夠維持多久，我也不知道。」

阿碩這句話不說還好，一語成讖。幾個月後，我們開車經過同一塊空地，正納悶博物館四周怎麼全圍了起來，下車一探，才知道這片曾經是草鴞的棲息地，白茅草地已經全部夷為工程用地。

我很震驚，阿碩很淡然，「不意外啦！其實這也是我們做草鴞調查很困難、很悲哀的地方。我們一直在見證棲地的出現與消逝。草鴞來來去去，如果我們沒有太多的影像或調查紀錄，真的很難去告訴大家，這裡曾經發生的事情，以及出現的物種。」

記得上回到訪時，空地有水池有白茅，草長得又高又豐美！現在完全剷平，瞬間消失。我每次到國小校園演講，都會告訴孩子這個悲傷的故事，並且把施工前施工後的對比畫面，殘忍地呈現出來。

小小人兒看到影片中挖土機把草鴞的家剷平，氣得大叫，「可以不要嗎?!」「可以叫挖土機停下來嘛！」「可以把圍牆推倒嘛！」小臉脹紅，情緒激動。我告訴他們，你們長大以後，如果蓋房子蓋馬路，記得幫住在上面的動物多想想好嗎？這裡也是牠們的家喔。孩子們用力點頭。

「我們人類是動物的好鄰居嗎？」我再問。

「不是，我們很壞。」

「哪裡壞？」

「破壞動物的家。」「亂丟垃圾。」「污染空氣。」「亂砍樹。」

「那麼，以後你們可以成為好一點的鄰居嗎？」孩子們繼續點頭。

「有什麼事情是小朋友現在可以做的？」

「自己帶水壺少用寶特瓶！」「叫爸爸媽媽不要再亂丟垃圾！」

嗯，很好。

● ● ●

事實證明，取名「阿草」是對的，因為全台灣的小朋友都認識了阿草。孩子或許不記得草鴞，但是會記得阿草。許多老師家長告訴我，在觀看節目之前，還真的不知道有草鴞這種蘋果臉的貓頭鷹，現在孩子們整天就把阿草、阿草掛在嘴邊，當他們知道阿草又誤入鳥網的時候，孩子還會皺眉搖頭，「怎麼又不小心了！」彷彿這個長著心型臉的猛禽，已經變成自己的麻吉好友了。

坦白說，我也是拍攝節目以後才真正認識草鴞，走入牠與人類共存的危險世界。越了解越覺得牠與自己的連結，密不可分。

草鴞究竟面臨什麼樣的生存困境？這個地棲型的貓頭鷹，中國大陸、東南亞、印度、澳洲都有分布，在國際自然保護聯盟ＩＵＣＮ的紅皮書，被歸類為「無危」（Least Concern, LC），也就是沒有受威脅的可能。怎麼在其他國家都是無危，到了台灣就變成極度瀕危了呢？

長年研究草鴞的嘉義大學生物資源學系助理教授蔡若詩分析，第一個問題點就是棲地縮減。隨著人類對土地的需求不斷地增加、不斷地開發，草鴞的原始棲地跟著減少破壞；第二個問題是老鼠藥的毒害；第三個是鳥網。蔡教授說，對於瀕危物種的保育，傳統作為是劃設一個保護區，維護保護區的環境，讓物種的數量保持穩定。但是，草鴞的生存環境與人類的重疊性很高，實在很難把棲息地框起來，因為許多土地都是私有地。

再者，草鴞的活動範圍非常廣，有時候一個晚上能飛好幾十公里，橫跨好幾個縣市。若想劃設草鴞保護區，確實有難度。

● ● ●

根據蔡若詩研究團隊的追蹤，母草鴞在繁殖季節會出現長距離的飛行，最大單夜移動範圍超過九十公里，橫跨三個縣市。原來，草鴞小姐找對象這麼積極！一個晚上飛越雲嘉南，移動能量驚人。「母草鴞在繁殖季前期會開始遊走，到處尋覓配偶，所以在繁殖季的前期，就會看到牠的活動範圍變得非常大。到了繁殖季開始之後，尤其是找到巢穴之後，牠就會固定在一個點待著。」

雌鳥夜行百里尋夫，慎選孩子的爸爸，對於優生學毫不妥協；但牠生性敏感，一旦被驚擾，很有可能棄巢離去。育雛期間的擾動，舉凡整地、暴雨、火災，都會影響草鴞繁殖的成功率。整地是再平常不過的農業活動，但是大型機具能無意又輕易地傷害脆弱的幼雛或幼獸，包括石虎。曾有剛出生的石虎寶寶被割草機刀片劃傷臉部，傷勢太重，沒能活下來。

台灣每年十月到翌年二月的秋冬乾旱季節，最容易發生野火災害，這個時節，偏偏又是草鴞的繁殖季，築在地面的鳥巢，只要一場火，蛋和巢全燒毀了。所以，像白茅這種耐火的草本植物，就成為草鴞偏好的棲地。研究員認為，草鴞的繁殖期長，可能與失敗率高也有關係。但是草鴞爸媽沒有悲傷的時間，家毀了，寶寶沒了，牠們會快速地在兩週內，甚至更短的時間，重新布置下一個巢，繼續努力繁殖，一直持續到隔年雨季來臨之前，用盡力氣繁衍子代。

4 會飛的捕鼠器

從棲架視角觀察到的猛禽行為實在太有趣了！吵架、推擠、搶食，餘暉下、風雨中各有姿態，此外，棲架也成為時下最夯的約會勝地，親親、啄臉、互理羽毛……，放閃出粉紅色的泡泡。

草鴞在育雛期間，親鳥每天需要獵捕大量的野鼠餵飽幼鳥。但是草鴞繁殖的秋冬季，也是南部稻作的播種期，更是農人使用老鼠藥防鼠害的高峰期。如果誤食毒鼠藥，草鴞也會間接中毒。經調查，超過六成的台灣猛禽體內均驗出老鼠藥殘留，顯示老鼠藥已經進入台灣生態的食物鏈，包括草鴞已出現老鼠藥

中毒的案例。

屏科大鳥類生態研究室研究員洪孝宇，構思了一個雙贏的辦法，利用猛禽喜歡站高高的習性，在農地果園架設棲架，吸引猛禽停留站崗、獵捕老鼠。他和團隊努力推廣「草鴞抓老鼠」、「會飛又免費的行動捕鼠器」的生態防治概念，勸導農人不再使用老鼠藥，降低猛禽中毒的機率，圈起一個善的循環。

•••

記得第一次和孝宇約在屏東某處稻田，準備更換棲架相機的記憶卡，查看有沒有拍到猛禽抓老鼠的經典畫面。整個過程，比八點檔還八點檔。

「我的東西呢?!」車輛靠近農地的時候，孝宇從擋風玻璃目睹意外景象，不可置信地喃喃自問。

下了車，「整支不見了！」他瞪大眼睛，「本來棲架是架在這裡，」他指著已經空無一物的案發現場，「一點痕跡都沒有留下。」

「可能是要偷自動相機吧？」我猜，因為石虎研究團隊在苗栗架設的紅外線自動相機，曾經發生過三十多台失竊的「慘案」。金錢損失是一回事，長時間記錄的珍貴影像消失，才最讓研究員心痛。

「我們之前也遇過，但很久沒有人偷了……，我們先去下一個點好了，檢查看看東西還在不在。」孝宇苦笑，我們驅車往下一個架設點。

「不見了！」他慘叫，「這個棲架很高啊！整根竹子都扛走了！」

「本來搭多高？」

「大概八公尺。」

「八……八公尺！將近三層樓！怎麼扛的啊！」

「原本有兩台相機綁在竹竿上，都一起扛走了，固定棲架的束線帶被剪斷丟在田邊，只剩一點遺跡了。」

洪孝宇開始到處打電話。「這邊會有監視器嗎？」「最後一次看到棲架是什麼時候？」「蛤，要報案唷？我想想。」

由於越空曠的地方，棲架的效果越好，所以，架設處的點位都很偏僻，人車稀少，當然附近也不會有監視器。

「太糗了……，」孝宇滿臉尷尬。

「來，紀念品，」我拾起束帶殘骸，遞給他想逗他。當著製作團隊的面，兩支棲架不翼而飛，確實夠驚嚇了。幸好，第三支原封不動地、整欉好好地站在原地。「還在還在！」孝宇激動地幾乎喜極而泣。

「天啊！這麼高還可以拆喔！」我抬頭仰望巨人般高聳的棲架，要偷也是工程。

「我們發現草鵖滿喜歡站棲架的，像這樣空曠的環境，立一根棲架，牠就會來這邊站。我們的棲架有上下兩層，因為不同的鳥，喜歡站的高度不同。」

「一樓二樓各有偏好就是了，」我聽得入神，鳥類站台竟然會挑樓層。「是的，黑翅鳶會站二樓，牠們喜歡高的地方，領角鴞喜歡站比較低的地方，所以站一樓。」

「草鴞也站一樓嗎？」我忽然想起阿草大大的頭，頭這麼大應該喜歡一樓。

「我們本來以為是這樣，結果不是，牠喜歡站很高，這也讓我們滿出乎意外的。」孝宇神采煥亮，對於棲架計畫，他展現極高的信心與期待。這些從未見過的珍貴影像，也能幫助研究員更了解動物的生態習性，特別是草鴞這種不易目擊的謎樣物種。

幾年下來，棲架上的自動相機，已經記錄超過七十種鳥類：黑翅鳶、領角鴞、褐鷹鴞、短耳鴞、草鴞、夜鷹、魚鷹、紅隼、鳳頭蒼鷹、赤腹鷹、大冠鷲、大卷尾、樹鵲、紅尾伯勞等等，其中，猛禽多達十五種，相機的畫面，多是叼著、踩著老鼠的「鷹」姿。猛禽提供的捕鼠抓蟲服務，採輪班制，二十四小時全年無休，超時加班也無所謂。日間部領班是黑翅鳶，夜間部是領角鴞。被封為「領班」是因為牠們出現的頻率相當高，時間到就準時打卡，非常盡責。

從棲架視角觀察到的猛禽行為實在太有趣了！吵架、推擠、搶食，餘暉下、風雨中各有姿態，此外，棲架也成為時下最夯的約會勝地，親親、啄臉、互理羽毛……，放閃出粉紅色的泡泡。

整理影像的時候，我注意到這隻一下打哈欠，一下打瞌睡，一下抓癢，還靠近鏡頭玩自拍、把自己拍成「大頭鴞」的草鴞，腳環編號是一三四！牠是阿草！原來阿草也跟風，多次造訪洪孝宇的棲架。

目前，草鴞棲架計畫還在持續發酵擴散，持續發揮影響力。只要匯聚各方的努力，再低調冷門的保育行動，都有機會變得高調熱血。

•••

節目播出以後，「孝宇的棲架」瞬間成為熱烈討論的話題。孝宇說，到處都被認出來是「棲架被偷的那一個」，還有善心觀眾在節目粉專留言，想捐款給洪孝宇搭新的棲架。或許是過程太戲劇，就有觀眾質疑，這些「橋段」是「安排」的吧？也曾發生有心人士，在我們節目入圍金鐘獎之後，以匿名黑函的方式，向主辦單位「舉發」我們紀錄片當中，研究員追蹤動物、動物最後失蹤的「大結局」，和國際生態紀錄片的結局「一模一樣」，「腳本」有「抄襲」的嫌疑。對此我嚴肅回答，《地球的孤兒》是紀錄片不是劇情片，研究員更不是演員。紀錄片的定義和真諦，是真實記錄真實發生的事件，不會有所謂的「腳本」或「劇情」或「橋段」，而研究人員追蹤動物，個體失蹤或死亡的機率，遠遠超過成功率和存活率。這也正是生態研究員最讓人敬佩的精神：即使一再挫敗，從不輕言放棄。用「抄襲國外」的惡言攻擊，實則傷害了台灣生態領域的專業人員。

—彩蛋篇—

瘋狂鴞郎

曾翌碩的嚴謹，講白了就是龜毛，簡直到了人類的極限。有關草鴞的事，只要他認定是必須做應該做的，再耗時耗力，他都不曾將就。就像裝發報器，就非得到台中，只因為他認為臺中市野生動物保育學會裝發報器更有經驗。所以，從台南到台中裝發報器，台中裝完再到屏東野放，再回台南……，這是他的日常路徑。除了草鴞，他管的範圍很寬，穿山甲救傷通報也要去，綠鬣蜥外來種也要抓……，不知道他哪來的動力和體力，更驚人的是，忙成這樣，他的救傷站竟能清掃到乾淨有如無塵室。我很想挖掘，這個瘋狂鴞郎更多的「內幕」。

「我本科念園藝的。」啊，園藝！很難想像曾翌碩拈花惹草的萌樣，但一看到他連草鴞的療傷站都可以造景，也沒什麼好驚訝的。他原本想繼續攻讀森林系，後來屏科大野保系首度招生，報考以後，曾翌碩成為第一屆學生，他跟著孫元勳老師研究黃魚鴞，經常隻身前往花蓮縣砂卡礑溪調查，他說可能生性孤僻，很習慣也很享受一個人的田調。畢業以後，阿碩在台北荒野保護協會任職，卻仍念想著野外調查，二〇〇一年，他又回屏科大，擔任孫老師的研究助理，並且被派到屏東機場負責鳥相調查與鳥擊防治。他說，整整兩年，每天早上八點開始，開車載著阿兵哥繞行機場以及周邊五公里的範圍，一直繞到下午四點，連吃飯都在車上，「其實他們很無聊，我在看鳥的時候，他們站旁邊也不能做什麼，我還不准人家講話干擾！」果然龜毛，「鳥事」也絕不能鳥。也就是在這段期間，曾翌碩和軍方建立深厚的革命情感和信任感，此外，他注意到，機場鳥網經常有草鴞掛網。當時，台灣唯一能發現草鴞的地方，就在機場的鳥網。

「我最開始就想做草鴞！」後來他進了野保所，碩士論文只想寫草鴞。但是當時資料太少，能追蹤的數量也太少，就連放出去的追蹤器兩天就不見了。阿碩不死心，晚上自己開車，車上綁著天線，從屏東開到台南沿線收訊號，再從台南開回屏東（原來奔馳國道的功力是這樣練出來的）。整晚不能睡覺，白天還要上課，雖然那時候的肝還算年輕新鮮，但是糟蹋半年下來，他覺得研究尚未成功，他應該先成仁了，更可怕的是，還可能畢不了業，只能暫時放下執念，轉做短耳鴞的食性研究，並且跑到嘉義東石鰲鼓濕地找食繭，住香客大樓，「我韌性很強。」我完全同意。

念完研究所，曾翌碩曾到環評公司上班，到斗六湖山水庫做生態調查長達七年……，但始終沒有放棄草鴞的研究。二〇一七年他籌組臺南市野生動物保育學會，厚著臉皮直接找上市政府，表明可以協助動物救傷，後續研究等等……，市府僅回覆，目前最困擾的難題是蛇。「蛇，我可以，」他一個人，一年處理一千兩百條蛇，包括為數不少的眼鏡蛇。收到通報趕赴現場，蛇抓回去先測量再野放。台南市範圍廣大，從北門到關廟開車要四十分鐘，一年十萬塊的補助，其實連油錢都不夠。但是他一做就是五年，還「順便」完整建制蛇類的區域分布資料。

為了理想，不計代價，做就對了。這是曾翌碩的哲學。苦心經營多年，終於獲得第一筆補助經費，在草鴞身上裝設衛星發報器，追蹤四年，他完整拼湊出這個謎樣物種的清晰樣貌。

阿碩的生活和生命，完完全全奉獻在草鴞的救援和研究。他讓我見識到，一個人，傾盡全力付出的力量有多大，對於一個瀕危物種的影響力，有多大！

瘋狂鴞郎，唯有曾翌碩，沒有之二。

CHAPTER 2

淺山精靈‧‧穿山甲

1 我不是哥吉拉

雖然模樣讓人生懼，牠膽子卻非常小，毫無攻擊能力，遇到危險，只會把身體瞬間捲為球狀。我曾看過一段自動相機拍下的影像，穿山甲果真是從小膽子就小，就連走路撞到自己的媽媽，也會嚇到縮成一球。

台灣的山林，有一個披滿鱗甲的神秘物種。牠是地球上盜獵走私最嚴重的哺乳類動物，過去十年來，已有超過一百萬隻穿山甲遭屠殺。平均每五分鐘就有一隻穿山甲從地球消失。科學家預估，這個唯一長有鱗片的哺乳動物，很有可能在二十年內絕跡。

由於穿山甲不會發出聲音，這將是地底下最無聲的滅絕。

全世界共有八種穿山甲，四種在非洲，四種在亞洲，全在國際自然保護聯盟紅色名錄的危險名單上，其中，馬來穿山甲和中華穿山甲被列入極度瀕危等級，這兩種穿山甲的族群數量在近十年內已經減少九成。穿山甲走向滅絕的主因，是牠的肉和鱗片，在好長好長的歷史歲月，被人類當成食材和藥材，主要消費市場來自中國大陸和越南。

「小朋友你們知道穿山甲的鱗片吃起來是什麼味道嗎？」我每次到校園演講，我一定會這樣問孩子。

「來，大家把手舉起來，指甲咬一咬，軟Ｑ一點的可以咬腳趾甲，就是這個味道！」

「好噁喔！」

「穿山甲鱗片的成分，跟我們人類的指甲一樣，都是由角蛋白組成，犀牛角也是喔！所以，我們吃指甲可以治病嗎？拉肚子咬指甲有用嗎？」

「沒用！」

「那，生病吃穿山甲鱗片、吃犀牛角粉有用嗎？」

「沒用！」

「很久很久很久以前，我們阿公的阿公，阿祖的阿祖，沒有足夠的醫學知識，誤以為那些看起來很厲害的動物，牠們的尖角和鱗片擁有治病強身的功效，但是現在我們醫學夠發達了，也有藥可以吃，我們就放過動物好嗎？」孩子們用力點頭。我相信，知識就是力量，知識就是改變。

•••

台灣穿山甲是中華穿山甲的亞種，屬於台灣特有亞種，主要棲息在低海拔淺山丘陵。長滿鱗片、爬行的模樣，第一眼瞧見，絕非善類型的動物。拍攝紀錄片之前，坦白說，我也沒特別喜愛穿山甲，只覺得牠既像巨大爬蟲類，又像縮小版恐龍、或者哥吉拉之類的，氣味也不好聞；等到近距離端詳那張藏在鱗片下的無辜小臉、黑亮眼睛，才恍然始悟，原來，穿穿是多麼可愛又羞怯的動物。

雖然模樣讓人生懼，牠膽子卻非常小，沒有尖利的牙齒，無法發出聲音，行動緩慢，毫無攻擊能力，遇到危險，只會把身體瞬間捲為球狀，這是穿山甲存活八千萬年來，唯一的防禦。我曾看過一段自動相機拍下的影像，穿山甲果真是從小膽子就小，就連走路撞到自己的媽媽，也會嚇到縮成一球。這個地球古生物，雖然視覺微弱，嗅覺和聽覺卻相當敏銳，牠甚至可以清楚聽見土壤內螞蟻移動的聲音。由於沒長牙齒，穿山甲只能靠舌頭黏取食物，牠的主食是蟻類，菜單包括七十多種螞蟻和四種白蟻，其中，台灣土白蟻就是台灣穿山甲冬季進補的最愛。

台灣穿山甲的食性資料，能如此完整詳細地建構，實則歸功於一位「聞屎」工作者，長時間「糞力」鑽研穿山甲的糞便。他是屏科大野保所的助理教授孫敬閔，也被封為史上最帥的聞屎青年，而帥到沒朋友的長相還有屏科大郭富城的美名。

穿山甲一年可以吃進三千萬隻螞蟻和白蟻，每六十克的排遺有八萬到十萬隻螞蟻，欲了解穿山甲的食性，最快也最難的方法就是蒐集分析糞便。但是找穿山甲的便便談何容易，「牠們會埋大便，」孫敬閔說。而「糞」不顧身地飛簷走壁尋找便便研究便便，「這是我最感興趣的事！」屏科大郭富城眼神發亮眉飛色舞。好吧！就說研究員都不是正常人吧！

採集完穿山甲的糞便，接著用噴頭噴出的水柱，沖洗、分離糞便中的螞蟻，這些穿山甲未消化的螞蟻殘骸，大多是骨骼和頭部，一顆頭一隻螞蟻，數量和種類慢慢累積出可觀的資料庫，分析出全球最精準的食性。孫敬閔也晉升為螞蟻專家，練出一秒辨識蟻類的特異功能。

穿山甲的調查難度原本就很高，話說回來，哪一個物種的調查是容易的？或是記錄起來是容易的？曾有好友勸我，拜託你可不可以挑個簡單一點、不用逼死自己、不用上山下海的物種拍攝？例如魚什麼的。

魚！我腦袋閃出極危等級的淡水魚巴氏銀鮈，拍魚也會逼死自己啊……。

•••

也正因為難度高，學術界過去對穿山甲的研究非常有限。「夜行性、獨居、沒叫聲、不留腳印爪痕和排遺」，孫敬閔細數各種難以突破的困難點。為了破解地底深處的謎樣物種，他苦追穿山甲超過十年。他長年在台東鸞山地區做調查，位處海岸山脈南端的鸞山部落，林相多樣，螞蟻白蟻豐富，是典型的穿山甲棲地，十年來，敬閔已經成功追蹤五十隻穿山甲。我原先計畫前往鸞山與他會合，記錄他的研究工作，突然接到他的電話：「心儀，有一個全新的研究計畫將在南投埔里執行了！這將是我們在台灣西部裝設發報器追蹤的第一隻穿山甲個體！」字字句句難掩興奮之情。

埔里的暨南大學這幾年出現不少穿山甲，車道上、邊坡上、大樹邊……，校園立起穿穿出沒的告示牌，路口架設的自動相機也多次拍到穿山甲影像。暨大學生暱稱穿山甲為「神獸」，但是這些神獸，幾乎每一隻都慘遭斷尾。二〇二〇年十月份，師生們在校內車道合力救下一隻斷尾的雌性穿山甲，取名小暨，小暨的尾巴被流浪犬咬掉一截。

長期關注穿山甲的暨大助理教授劉明浩，特別找來學長孫敬閔協助。孫敬閔為小暨裝上無線電發報器，野放回學校附近的山林，並且架設自動相機，開始追蹤牠的活動範圍，調查牠的領域行為和洞穴利用模式。可別小看暨大周邊的山林，誤以為「校園」就放下戒心，第一次的追蹤任務，我們完全錯估形勢。

2 在愛裡重生的小暨

節目播出以後，埋在地底的穿山甲小暨，成為小朋友心底的牽掛。全台灣的小朋友都在問，「小暨挖到了嗎？」我忍不住哽咽，「小暨當天使了，牠會守護穿山甲同伴。」我總這樣回答。

「巢穴在這上面，我們直接上去。」孫敬閔拿著開山刀，輕鬆地說。

「角度看起來蠻垂直的……。」仰望幾近垂直的險壁，我有些猶豫。

「還可以啦，十分鐘就到。」敬閔走在隊伍前方，手握開山刀，一邊爬一邊砍，砍出一條勉強攀爬的通路。沿途的荊棘割破了手，螞蟻大軍從頭上灑落爬滿全身，我跟在後面連滾帶跌，拉著不牢固的竹子、抓著攝影的手、踩著敬閔的腳……，突然陡坡轉角一個滑腳，還好我反應迅速，雙手拉住樹根，雙腳騰空，拉吊環的滑稽姿勢，不像泰山，倒像猴子。

「沒事沒事，腳先踩到定點，手抓緊。」敬閔回頭對著我喊。

然後，我聽見男生們壓低聲量討論，「心儀可能沒辦法繼續爬了……。」怎麼可能不爬！激將法對我向來有效，鬥魂一秒燃起，加速死命往上攻頂。順帶一提，千萬別相信保育人員說什麼「快到了」、「十分鐘」，因為，他們不是正常人。

「沒想到你玩真的。」敬閔看到我狼狽地手腳並用爬上來，忍不住笑了。

「不然咧？」其實還真有點喘。

「我以為你只會爬前面的一小段，後面就用剪接的。」

「不可能！」我驕傲地抬頭，《地球的孤兒》團隊向來只玩真的。拍攝過程跌撞摔跤破皮黑青都是日常，就像製作節目一路走來也是磕磕碰碰，但我骨頭硬臉皮厚，打死不退。

「你老公知道你都在做危險動作特技表演嗎？」親友們都很好奇。

「他都是看了節目播出才知道，然後邊看邊瞪我，我就傻笑敷衍。」

• • •

「這就是千辛萬苦才找到的居住洞，」孫敬閔指著前方一座雜草掩蔽的洞穴。穿山甲的居住洞，地形環境和覓食洞截然不同，簡單來說，居住洞就是住家，覓食洞就是餐廳，餐廳可以在路邊，吃飽就走人，但是住家位置就得講求隱密重視隱私，「地址」最好不要輕易曝光或者容易抵達。陡峭難行的原始林地，就是穿穿們偏好的「蛋黃區」地段。

「我們來聽一下訊號，這邊訊號非常大聲，現在剛好進入繁殖季，希望有機會記錄到小暨生寶寶。今天是十一月三號二〇二〇年，倒數十秒，自動相機就會拍了。」

「敬閔，以後定期收相機畫面，都要這樣爬嗎？」

「嘿啊，這裡算快了，一個多小時就走到了，之前有巢穴築在懸崖，根本下不去，這邊算不錯了！」孫敬閔語調歡快，相當滿意小暨的調查點位。

「喔，我終於知道你為什麼找不到助理了。」

接下來的日子，我們團隊跟著敬閔勤跑暨大。除了定期更換相機的記憶卡，追蹤作業也要同步進行。我們隨著穿山甲的作息，夜晚出動追蹤，穿穿多在入夜後出洞，晚上七點到九點是牠活動的高峰時間。穿山甲在外走動的時間其實很短，牠一天有二十個小時窩在洞裡休息睡覺，非常的宅。如果動物世界也有「吳柏毅」或「傅潘達」，宅穿可能連外出覓食都省了。

我很喜歡暨大，綠色校園盎然偶像劇的詩意，學生食堂的炒泡麵很好吃，比臉大的碗公光看就很療癒，再加一個蛋，男生還要配一杯豆漿，這是我們團隊每日收工的小確幸。

漸漸地，我發現，攻頂的痛苦指數越來越低。十一月下旬，我們從相機影像觀察到，小暨變胖了！肚子也變大了！而且牠停留在同一個巢穴沒有移動。

「按照我以前追蹤的經驗，穿山甲在一個洞住了超過兩個禮拜非常不尋常，除非牠要生產，一般生產的高峰期是十二月到一月之間，」敬閔解釋。

「小暨可能有小寶寶囉！」我們團隊像中樂透一樣振奮。

「小暨確實和我們野放的時候，體型差很多，肚子看起來真的很大。」

經過幾個月的密集追蹤，我們迫切想知道，小暨到底有沒有升格當媽媽。二〇二一年一月份的追蹤訊號有點微弱，敬閔推斷，可能小暨怕冷，躲進比較深的洞穴，訊號才會收不清楚。洞穴旁邊的草和落葉，有往內撥的跡象，「應該有住在這裡。」

穿山甲的體溫比一般哺乳動物低，天冷的時候，牠們會用前肢把草和葉子往巢內拉進來保暖，可愛的動作很像孩子拉被被來蓋，這陣子天氣特別濕冷，棉被得蓋厚一點。

孫敬閔從相機取下記憶卡，快速檢查畫面，松鼠、松鼠、松鼠，進出洞穴的都是松鼠，就是沒有小暨。「穿山甲冬天的活動力比較差。跟夏天比起來，冬天相機拍到牠們的機會，應該會比較少。」這句話像是安慰我們，也是自我安慰。

• • •

二月份完全不見小暨的蹤影，三月份，一個可怕的聲音從追蹤器傳出來，這聲音是所有研究員的夢魘：死亡訊號。死亡訊號是動物配戴的發報器，發出八小時未移動的訊號，未移動八小時，發報器電路會自動判定為「死亡」而啟動死亡模式，發出快頻率的嗶嗶聲。

「心儀，小暨的發報器發出死亡訊號。」三月下旬，紀錄片正在瘋狂剪輯後製的六親不認階段，接到敬閔的訊息。我嚇到頭皮發麻，四月份節目就要播出，最後倒數幾周，整個結尾有可能全部改寫。

死亡訊號我不陌生，這些年拍攝這麼多戴上發報器追蹤的動物，尤其是石虎，收到死亡訊號的機率並不低，「希望是發報器脫落！」每位研究員的第一反應都是如此。我們很快到暨大會合，「訊號很大聲，我覺得位置是在地表，如果在洞穴，聲音不會這麼大聲，我們就在附近做地毯式搜索。」手舉無線電天線，敬閔神色凝重，我想，如果惡夢有聲音，研究員的惡夢，應該就是這種聲音。

「真的是惡夢，擔心動物遇到什麼問題或是遇到什麼危險……，小心，這裡有刺！」真的有刺，循著訊號，一行人穿越荊棘樹林，翻遍每一寸土地，攝影的眼鏡還被樹枝勾到，飛落地上，其中一眼的鏡片被踩到碎掉，只剩一個鏡框有鏡片，靠著獨眼作業。

天色越來越黑，大家的心越來越沉，終於，傳出死亡訊號的洞穴找到了。

「如果小暨在洞裡，有可能牠在裡面死亡，或是發報器脫落。」敬閔用頭燈照著洞口往內查看，發現洞裡有很多蟲，不妙。

「牠在這邊，往下開挖就會找到牠！」手上沒有工具，敬閔也不想再等，即刻徒手開挖。很快地，支援的工具、人手都來了，幾個人就著頭燈的微光，鏟子、鋤頭、奮力往下挖，孫敬閔怎麼樣都想把小暨找出來。挖了一公尺深，接著一公尺半，再來差不多一個人的高度……，完全沒有停手的打算。

「敬閔，你已經挖三個小時了。」我忍不住提醒瘋狂鏟土的他。半弦月鑲在無星的夜空，寒意一直從我的腳底竄上來。我忽然想起多年前跟著石虎研究員林育秀，鑽進荒林裡的一座枯井，撿石虎的骨頭。大白天撿骨的情緒很複雜，而大半夜挖墳，更讓人背脊發涼。一整個晚上把山都挖穿了，還是沒能見到小暨的蹤影。

「小暨你在哪裡啦！」敬閔眼眶泛紅。

「下面已經是石頭和岩盤，很難再挖下去，」他的語氣中有無限沮喪。

「你覺得小暨還有可能在下面嗎？」我問。

「訊號還是在下面，但是要再挖，可能要找怪手了。」

「小暨生病了？生產了嗎？寶寶夭折了？還是今年的乾旱造成食物短缺？」

「牠有可能是生病，或是其他原因在洞裡死亡，我們目前推測是這樣子。原本想，至少挖出來查明死因。」

「但是，山都挖穿了啊！」我忍不住哽咽，好多問題最終變成謎題，永遠埋在地底。

研究員得經常面對、調適這種突如其來的打擊和失落。就像小暨，追蹤的前期看似順利，我們甚至期盼牠能升格當媽媽。

「大自然就是這樣子，你很難預期它下一步會怎麼樣，所以常常要自己調適，因為如果用人的角度去想，可能會很難過。」

小暨最終還是沒被挖出來。接下來幾天，明浩帶著學生接手，繼續往下挖，挖了好幾公尺深，也毫無所獲。

• • •

節目播出以後，埋在地底的穿山甲小暨，成為小朋友心底的牽掛。全台灣的小朋友都在問，「小暨挖到了嗎？」許多家長老師也私訊詢問，「小暨找到了嗎？」就連我前往小琉球記錄輸油管漏油事件，口罩帽子遮面，一張臉只露出兩隻眼睛，竟然被居民認出來，喊了一聲，「心儀主播，我想幫女兒問一下，後來小暨有找到了嗎？」

眼眶瞬間一股熱氣衝上來，好多好多孩子關心小暨的結局啊！一位就讀小二的學生看完影片惆悵之餘，幫小暨畫了小北鼻，用注音寫下祝福，希望母子在天上開心生活。

「小暨當天使了，牠會守護穿山甲同伴。」我總這樣回答。雖然遺憾很多，失落更多，挖墳那晚我也忍不住落淚，然而，小暨的故事感動了無數觀眾，喚起更多人對穿山甲的關注與同理。死亡的動物，從孩子們的愛裡重生，我相信，沒有更好的結局了。

3 斷尾危機

每當獸醫師為穿山甲截尾，心裡都很掙扎。截太少，擔心細菌持續感染，傷勢惡化；截太多，又怕影響未來的育幼行為，因為穿山甲媽媽生產後，會把寶寶揹在尾巴上外出覓食。尾巴要保住多少？獸醫師分寸計較。

在暨南大學，不管是救傷個體還是監測影像，穿山甲的尾巴幾乎沒有完整的，斷尾的主要原因是犬隻攻擊。這幾年，遊蕩犬隻已經超越獸鋏陷阱，成為台灣穿山甲的受傷主因，以及最致命的威脅。生態研究員在山區架設的自動相機，曾拍攝到流浪犬追咬穿山甲的影像。穿山甲驚恐地縮成一球，狗兒還是不斷啃咬，即使咬不動堅硬的鱗片也不肯鬆口，穿穿趁機脫逃，又被犬隻從尾巴咬住拖回來。許多穿山甲的尾部就是這樣被咬傷咬爛，或者末端壞死，不得不截尾保命。

在南投集集特生中心的野生動物急救站，近五年來，穿山甲的創傷案例中，遭犬隻攻擊的占了六成，比過去增加三成，我也多次記錄穿山甲的截尾手術。有的個體傷口癒合野放之後又被重複咬傷，還有懷孕的穿山甲媽媽，被流浪狗咬斷尾巴驚嚇早產，寶寶太過虛弱死亡，媽媽也沒能活下來。

每當獸醫師為穿山甲截尾，心裡都很掙扎。截太少，擔心細菌持續感染，傷勢惡化；截太多，又怕影響未來的育幼行為，因為穿山甲媽媽生產後，會把寶寶揹在尾巴上外出覓食。尾巴要保住多少？獸醫師分寸計較。

• • •

手術台上躺著一隻遭遊蕩犬隻多處咬傷的穿山甲，牠的尾巴被截掉八公分。穿山甲從麻醉清醒後，身體不停發抖，照養員鋪上電毯為牠保暖，廚房也準備「穿山甲蛋糕」為牠補充營養。用昆蟲螞蟻水果特製的穿山甲蛋糕用電鍋蒸出來，香氣其實還滿撩食慾的。

「人也可以吃喔！我們都會試吃！」照養員小南挖了一大湯匙蛋糕，遞到我嘴邊：「吃吃看啦！」

「有蟲欸……，」雖然我腸胃機能奇佳，蟲類還是讓我心生抗拒。

「蟲也可以吃喔！」小南持續慫恿。

「那……，不要那麼大塊，一小口就好了。」

「就一小口嚐味道。」

「哇！很酸，酸酸的，」我形容不出那種奇異的酸味。

「是蟻酸，螞蟻本身就有點酸酸的，」小南回答得非常自然。

「這粒……是昆蟲嗎？」我把吃到的怪怪顆粒，吐出來仔細審視。

「沒錯，是蟲！」

後悔多問了，我真心不想知道是哪種蟲。小南解釋，穿山甲生性緊張，只要感到緊迫就容易胃潰瘍、腸出血，或者拒絕進食，導致內分泌失衡免疫力下降。照養員想破頭，研發出專為穿山甲量身調配的蟻蟲蛋糕，希望能提振穿穿的食慾，改善飲食問題。除了穿山甲蛋糕，還有一款「蟻巢漢堡」，但我放棄試吃，雖然大家有些小失望。這幾年跑特生中心像跑自己家，許多研究員、保育員、照養員都變成好友，好朋友們經常找我體驗動物照護的工作，像是為石虎寶寶準備餐點，把「米奇」去皮後剪成鼠塊鼠條……。

「剪小塊一點，不然吞不下去喔，尾巴要剪掉，牠不吃米奇的尾巴……，欸你怎麼停下來了，你愛不愛小石虎嘛！」

「愛，真的很愛。」聽到喀嚓的剪骨聲，我別開頭去。

同一時間，急救站還收容一隻穿山甲寶寶：小小穿。體重不到六百克的小小穿，不愛吃也不長肉，照養員傷透腦筋，只好採取灌食的方式，企圖趁小小穿睡覺的時候偷襲牠。灌食的管子才剛就位，小傢伙立刻清醒，迅速用舌頭擋住塞進嘴巴的管子，把異物推出來，接著掙扎扭動，最後乾脆把身體捲起來，啟動拒絕配合的關機模式。

「牠不喜歡貓奶配方的味道，灌食對牠來說其實滿緊迫的，可是牠又不肯用奶嘴吸，只好這樣餵，」獸醫師秀慧嘆了一口氣，「希望牠自己能多吃點東西，減少灌食的次數。」

「牠尿尿在你身上嗎？」我看到秀慧的衣服濕了一片。

「對啊！牠常常噴尿抗議，」這位代理媽媽完全不以為意。

「你壞壞。」

噴完尿，小小穿自顧自的玩起蟻巢玩具。穿山甲出生時體重大約一百克、體長二十公分，一個月大的時候，媽媽就會揹著寶寶出洞一起活動，一直揹到三個月為止。當寶寶長到四十七公分，差不多一百五十七天後，就會離開母親獨立生活。

「依牠的年紀，應該還是趴在媽媽尾巴上面，跟著媽媽出洞口活動。我覺得很有可能是誤撿，就是跟著媽媽到處覓食的時候，暫時與媽媽分離，結果被民眾帶走。」

保育界不斷呼籲，「發現野生動物的小孩，請不要急著移動牠！」因為，動物媽媽可能只是在附近找東西吃，沒有丟掉或棄養寶寶的意圖，結果一回來就發現孩子不見了！所以，民眾如果遇見落單幼獸，周邊環境也沒有立即危險，請讓幼獸留在原地，立即通報相關單位，交由專業人員判斷處理！請不要撿走或是帶回家養，並安靜離開現場避免圍觀，萬一母獸回來找幼獸，看到人類圍成一團根本不敢靠近。有時候過度熱心，反而讓動物媽媽傷心，保育人員痛心，寶貝的孩兒瞬間變成地球的孤兒。

•••

截掉八公分尾巴的穿山甲，治療復健一個半月後，完成野放前的最後訓練，準備考試。原本在睡午覺的牠，忽然被帶到戶外草地，有點不情願。五分鐘後，牠才慢慢抬起頭來，小心翼翼嗅聞四周氣味，鼻子一邊嗅，一邊噴出泡泡，「牠口水比較多，會從鼻腔冒出來，」小南說，斷尾後的穿穿警戒心很強，更容易緊張。果然，吹完泡泡，牠馬上暴走，想找棵樹往上衝，「牠一緊張，又沒有地方躲的時候，牠就會往樹上跑，這也是牠的一種防禦方式。」

是的，穿山甲會爬樹也會游泳，鑽洞、攀高、渡河全能。穿山甲絕對是動物界的鐵人三項王。

「電線桿應該沒辦法喔！那個沒辦法喔！」看到穿穿往電線桿的方向奔去，

我驚叫起來，這時候，小南已經拿著評分表打分數。

「尾巴沒有拖地，很好！」穿山甲的尾巴等同牠的第五隻腳，有平衡器的功用，如果身體復原的狀況不好，走路的時候尾巴會拖垂在地上，遇到下坡很容易滾落。

「攀爬，很好！」打勾。

「避敵，ＯＫ！」意思是看到陌生的電視台主持人，要像看到鬼一樣拔腿狂奔，「這個是禦敵的反應之一。」按照評估量表的計分，斷尾穿已經達到野放的標準。

及格！可以回家囉！

4 最後的庇護所

第一次看到穿山甲戴著像便當的發報器，阿公阿嬤全部圍過來關心，不斷發問，裝這個做什麼，牠要戴這個去哪裡……。「我們都不會傷害穿山甲，牠們比我們珍貴，而且牠們也在保護著我們。」居民深信不疑。

台灣曾經是穿山甲的煉獄。

一九五〇到一九七〇年代，台灣的穿山甲皮革加工聞名全球，巔峰時期，每年有六萬隻穿山甲被剝皮，剩下的肉再賣給山產店。長年失控獵殺，幾乎讓穿山甲從台灣的土地絕跡。直到一九八九年政府頒布野生動物保育法，穿山甲

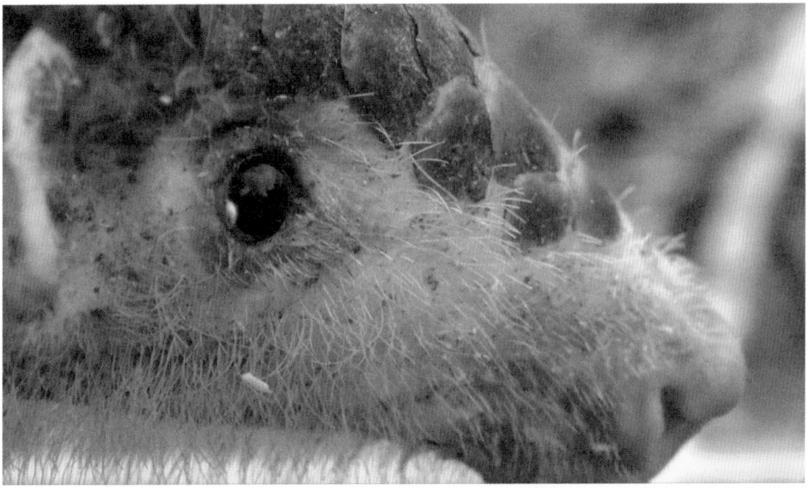

穿山甲感覺像巨大爬蟲類，又像縮小版恐龍；但如果你近距離端詳那張藏在鱗片下的無辜小臉、黑亮眼睛，你會驚覺，穿穿是多麼可愛又羞怯的動物。（特生中心提供）

由於沒長牙齒，穿山甲只能靠舌頭黏取食物，主食是蟻類，包括七十多種螞蟻和四種白蟻，其中台灣土白蟻就是台灣穿山甲冬季進補的最愛。（孫敬閔攝影）

穿山甲膽子卻非常小，沒有尖利的牙齒，無法發出聲音，行動緩慢，毫無攻擊能力，遇到危險，只會把身體瞬間捲為球狀。
（劉人豪攝影）

穿山甲一緊張，又沒有地方躲的時候，就會往樹上跑。穿山甲會爬樹也會游泳，鑽洞、攀高、渡河全能，絕對是動物界的鐵人三項王。

在照養員的「鼓勵」下，試吃為受傷穿山甲特製的穿山甲蛋糕。蛋糕的主要成分有昆蟲、螞蟻和水果，吃起來酸酸的，還有顆粒。（蕭明利攝影）

屏科大野保所助理教授孫敬閔，苦追穿山甲超過十年，長時間「糞力」鑽研穿山甲的糞便，詳細建構出穿山甲的食性資料。

穿山甲一天有二十個小時窩在洞裡休息睡覺，非常的宅，入夜後才會出洞，晚上七點到九點是牠活動的高峰時間。（孫敬閔攝影）

聚落、農墾地都是穿山甲偏好的棲息地，也與人類的生活領域高度重疊。高雄馬頭山下的旗山社區，因為居民的良善，讓穿山甲有更多機會存續。（孫敬閔攝影）

被納入保育類動物，才免除滅種危機。經過漫長的復育，台灣穿山甲的數量逐年穩定，甚至出現微幅成長的趨勢。

孫敬閔在台東鸞山曾記錄到每一百公頃有十二．八隻穿山甲，這應該是全世界最高的野外族群密度了。五十年內，台灣從穿山甲的獵殺王國，翻轉為保育王國，成為全球穿山甲的最後堡壘，這樣的成果確實值得國人驕傲。

「現在很少聽到有人吃山肉山產，或者把鱗片磨成藥粉，但是，捕獸鋏和遊蕩犬隻的問題，還要再努力，這些是台灣穿山甲目前面臨的主要威脅。」台灣穿山甲的族群數量粗估約兩萬隻，仍未及過去的三分之一。孫敬閔深具信心，台灣山林的盔甲武士一定會漸漸繁盛，他也把長年累積的調查與救援經歷，分享至國際。

回想過去多次參與越南的救援行動，孫敬閔認為，穿山甲遭人類殘暴凌虐的真實情況，應該被揭發，被更多觀眾知道。在越南，穿山甲被麻繩袋一球一球的捆著，像一顆籃球，秤斤注兩計價，重量越重，價錢就越好。很多時候，穿山甲在運輸的過程中，因為緊迫而變瘦，盜獵者為了補足消掉的體重，會對穿山甲灌食濃稠的玉米漿，更惡劣的，還會灌水泥到穿山甲的肚子。許多穿山甲尚未抵達走私的目的地，在半途已被折磨至死，排泄出的黃色玉米漿和水泥，流滿一地。

活剝去鱗的方式更殘暴、更泯滅人性。盜獵者先用滾燙的沸水，把穿山甲活活燙死，熱水燙過以後，堅硬的鱗片才比較好拔除，整個過程像是血腥的恐怖片，「很痛苦很殘忍卻很真實，」一敬閔輕嘆。為了避開盜獵集團的耳目，救援團隊得半夜摸黑，長途跋涉深入荒山，偷偷野放穿山甲。

人類殘殺動物的方式，遠遠超乎我對「身為一個人」的基本認知。我真的不懂，就算是動物，也是一條生命啊！為了取下動物的鱗片、犄角、膽汁，人類可以昧著良知良心，屠戮一條生命。但，話說回來，人類對待自己的同類，歷史上的種族屠殺、種族清洗，有少過嗎？動物殺害同類是為了存活，人類呢？多半是為了貪念私慾。

幸好，總有光明希望輾壓黑暗絕望。例如，在穿山甲棲地的社區，居民的良善，讓動物有更多機會存續。

• • •

高雄馬頭山下的旗山社區，阿伯在菜園澆水的時候，看到奇怪的東西纏在網子上。他靠近一看，原來是穿山甲！入網的穿山甲立刻被救下來，暫時安置在民宅。馬頭山生態豐富，經常有穿山甲出沒，孫敬閔曾至馬頭山為社區講課，也參與幾次救援行動，居民都認識這位屏科大「很厲害」的老師，也知道穿山甲的事，找孫老師就對了，於是立刻致電通報。這隻穿穿很幸運，掛在網上沒有受傷，被犬隻咬斷尾巴的傷口也已癒合。孫敬閔為牠裝上發報器就地野放，希望能持續追蹤這隻出沒在社區的個體。第一次看到穿山甲戴著像便當的發報器，阿公阿嬤全部圍過來關心，不斷發問，裝這個做什麼，牠要戴這個去哪裡……。

這趟跟著敬閔到馬頭山，最讓我感動的是，保育觀念已在社區牢牢紮根。「我們都不會傷害穿山甲，牠們比我們珍貴，而且牠們也在保護著我們。」居民深信不疑。

聚落、農墾地都是穿山甲偏好的棲息地，也與人類的生活領域高度重疊。農耕地大多是私有地，取得土地上住民的認同，保育行動社區化在地化，才是久遠之計。不只是穿山甲，石虎的保育也是。特生中心的石虎專家林育秀長年勤跑社區聚落、雞舍農舍，深入了解居民和農人的想法。透過一場一場的說明會，育秀不斷宣導人類與石虎共生共好的重要性。當一個一個社區凝聚起共識，就能織起一面密實的防護網。

多年前我曾遠赴巴西，前往地球上最大的濕地「潘塔納爾」拍攝美洲豹。巴西是全世界最大的牛肉出口國，農牧場面積占國土的百分之四十一，包括潘塔納爾也是國家發展畜牧業的重地。潘塔納爾共有三千多座牧場，畜養超過四百萬頭牛，佔據濕地百分之八十的土地。當濕地變成農地，美洲豹獵食的場域消失了，天然獵物大量減少，為了求生，阿豹只能溜進牧場吃牛排。但是，吃一塊牛排的代價是一條命。過去，牧場主人會氣得拿槍追殺偷吃牛的美洲豹，經過保育團體多年奔走，苦勸畜牧業者，「美洲豹活的價值比死的高」，並且發放補償金，居民開始槍下留豹。

「當大多數的棲地都是私有地，你只能走入社區，爭取社區認同。」這是國際大貓保護組織潘瑟拉（Panthera）的終極目標。校園和社區皆是保育觀念萌芽的重要起點。

—彩蛋篇—

聞屎青年

「我大學念的是政治系。」孫敬閔說。我不禁啞然失笑，又是「不務正業」的。

「但是我從小就很歡動物，我還記得三歲的時候，大人買了一隻鯨魚玩具給我，我裝在水盆，用手做成一個拱橋，讓鯨魚從掌間划過去……。」

「那幹嘛不念動物系？」

「因為高中在文組，只能選政治系。」

「所以你大學四年都在後悔嗎？」

「還有養很多動物。」

說起話來慢條斯理斯斯文文的敬閔，其實很會講冷笑話。大學錯過了真愛，他決定攻讀研究所，繼續追尋夢想。他發現屏科大野保所的招生，不需要相關科系背景，於是下定決心，在高雄當兵期間奮發苦讀，放假的時候，也常從高雄騎車到屏科大校園，看看夢想中的未來學校，滿懷憧憬。退伍後他如願考上野保所碩士班，原本想研究魚類，後來跟著指導老師裴家騏做台灣獼猴危害調查，他也在屏科大的保育類野生動物收容中心打工，照顧當時還不知道要歸在哪一類的穿山甲。十多年前，生態界對穿山甲的救傷照護，仍有諸多未知，死亡率也很高。

在收容中心工作五年，卻始終沒有機會從事穿山甲的野外研究，孫敬閔迫切想知道穿山甲的野外習性。二〇一一年，一位在台東鸞山地區追蹤穿山甲的學弟即將畢業準備離開鸞山，孫敬閔立即表達繼續接手調查的意願。就這樣在鸞山，一待就是八年。這八年的日子，敬閔形容「不斷遭遇挫敗」。一個平地研究員獨自跑到布農族部落長住，文化和心態都得調適。他放下研究員一板一眼的性格，跟著喝保力達吃檳榔，搏感情交朋友。許多原住民友人相當隨興，明明約好一起上山，時間到了竟沒半個人影，但是，上一秒放你鴿子，下一秒又熱心的「通報」

穿山甲出沒的資訊；當然，總有不友善的聲音，「只能慢慢爭取更多人的信任與認同。」後來，許多居民，甚至布農族獵人，都成為他日後調查的最佳戰友。

孫敬閔一邊苦追穿山甲，一邊蒐集排遺，便便到手，靠著上沖下洗左搓右揉，「糞」力找出七十多種螞蟻的殘骸，分析出全球最精準的穿山甲食性，被封為屎上最強聞屎青年。他的孩子跟別人介紹起父親的工作，總驕傲的說：「我爸爸是專門撿穿山甲大便的！」

除了破解穿穿到底吃什麼，敬閔更耗費五年的時間找出方法，改良傳統裝置，追蹤器固定在穿山甲尾部鱗片時，再多加一條活動扁帶，如此一來，穿山甲移動不受影響，也不會輕易脫落，就算鑽進洞裡，訊號依舊收得清楚。這套技術，已經獲得全球獨家專利。

二〇二二年，孫敬閔獲選為IUCN國際自然保護聯盟物種存續委員會，穿山甲特別小組的「東亞區域主席」（East Asia Regional Chairs）。台灣的穿山甲保育復育，獲得國際生態界的肯定和關注，並首度在ＩＵＣＮ擔任如此重要的職務！這是莫大的榮譽與成就。穿山甲不會發出聲音，孫敬閔卻用最大的聲量為穿山甲發聲，努力破除末日預言。

「喜歡動物不是把牠圈養起來，而是真正去了解動物在野外的狀況與危機。」從過去在政治系宿舍偷養動物，到今日在屏科大野保所任教，這句話是孫老師想傳遞給學生的訊息。

CHAPTER 3

玉山精靈··黃喉貂

Formosan
Yellow-throated
Marten

1 黃色閃電

一雙靈動的大眼睛，正好奇打量我，或許察覺前方的龐然大物沒有冒進的意圖，牠低下頭，逕自玩起腳下的草。謝謝你！我默默感謝，謝謝你來到我的鏡頭前，謝謝你讓台灣的屋脊，更生動鮮麗。

「我們去玉山拍黃喉貂吧！」某日，我興奮的向攝影團隊宣告。

「喔，」剪接室沒人抬頭，眼睛壓根兒沒離開電腦銀幕。

也是。面對時不時嚷嚷：「我們去北極拍北極熊！」「我們去南極拍企鵝！」的瘋狂製作人，只要不是上外太空，團隊聽到任何計畫都很淡定。

幾年前第一次看到黃喉貂的照片，是研究人員拍攝的追蹤個體「天天」。天天戴著發報器，傻呵呵的呆萌表情，還真有點「天天」。哪天拍天天？我一直記掛這件事，但是草鴞、白海豚、穿山甲接續著拍，始終沒有機會記錄黃喉貂。

很多時候，動物會主動來找你。

二〇二一年參加林務局的瀕危野生動物保育行動研討會，「心儀姐，我是佳衡！」一個甜甜的聲音過來與我相認。啊！佳衡！怎麼會在這出現！

認識佳衡是在二〇一六年，我們一起去了南非。那一趟，鍾佳衡是莊福文教基金徵選出來，前往南非犀牛孤兒院的獸醫師志工。一百八十八公分、高挑亮眼的她，被封為長頸鹿姐姐。長頸鹿姐姐走到哪都是「嬌」點。南非回來後，我們其實沒有特別聯絡，我忙於製作《地球的孤兒》節目，佳衡去了英國攻讀碩士，還跑到坦尚尼亞研究非洲水牛。相隔五年，我們竟然在研討會重逢。聊了聊才知道，佳衡加入了姜博仁博士的研究團隊，而且，現在正在執行黃喉貂的研究計畫！YES！我內心狂喊。沒多耽誤一分鐘，我立刻找到與會的姜博士，當場討論拍攝的可能性。姜博士笑說，好啊，但是要爬玉山喔！要去北峰喔！

爬啊爬啊！我點頭如搗蒜！喜馬拉雅山我也爬。

姜博仁是台灣生態界的奇人，他曾經花了二十年的時間尋找雲豹，台灣雲豹證實滅絕之後，他把心力投注在需要關注的冷門物種，例如，黃喉貂。

• • •

黃喉貂是食肉目貂科動物，起源亞洲南部，冰河時期從陸橋播遷而來台灣，獨立演化成台灣特有亞種。牠的體長加尾長大約九十公分，重量不到三公斤，毛色多彩鮮麗，頭部是褐色，下顎是白色，頸部是亮黃色，腳和尾巴是黑色。

很少看到一次集滿這麼多顏色的哺乳類動物，披著一身燦亮的貂皮大衣還得狩獵。動物狩獵時需要偽裝，避免被獵物發現，但是黃喉貂一出場，招搖的鮮黃皮草就沒得裝了。牠得靠爆發力和集體作戰，才能獵捕比自己體型大的山羌、山豬。由於黃喉貂擅長攀爬，猴子也在牠的菜單選項。塔塔加的保育巡查員就曾經目睹黃喉貂爬到樹上攻擊猴子。

雖然被列入第三級保育類動物，過去在台灣，很少有黃喉貂的生態研究，即使在國際，相關的文獻資料也很缺乏。我是重度的谷哥 Google 使用者，任何資料我都問谷哥。幾年前，黃喉貂的調查紀錄，谷哥幾乎問不出什麼，直到最近，阿貂的關注度討論度提升了，搜尋到的資料才越來越多樣。近幾年在玉山群峰，黃喉貂的目擊頻率增加不少，姜博仁博士決定組成研究團隊，入山調查謎樣的貂民，發掘未知的真相。

由於黃喉貂移動快如閃電，又被封為黃色閃電。我計畫跟著研究人員上山，追尋黃色閃電的蹤跡。研究團隊的主要成員，除了鍾佳衡，還有研究員郭彥仁。標準海軍陸戰隊體格的郭彥仁，外號郭熊。認識郭熊是多前年拍攝南安小熊的野放訓練，當時他跟著黃美秀老師做台灣黑熊的研究，後來加入姜博仁的團隊，負責黃喉貂的追蹤調查。二〇二一年七月，郭熊在玉山群峰架設自動相機，包括前峰、西峰、圓峰、主峰和北峰，當時我已向玉管處申請隨行入山，但是遇到疫情升高為三級警戒，玉山封山，山屋也不開放，只有少數的研究員能進山，最終沒能跟上。爾後，郭熊平均每三個月就得爬一趟玉山，更換自動相機的記憶卡和電池，並且利用無線電追蹤黃喉貂。好不容易盼到十一月下旬山林微解封，我們終能參與台灣史上第一次，利用衛星發報器追蹤玉山黃喉貂的科研計畫。

團隊雖然遠征過七大洲，但是在三千多公尺的山巔拍攝，經驗仍嫌不足。郭熊特別引薦專業高山嚮導魏泰域 Tiger，「萬一你們沿路取景落後太多，又和我們走散，還是要有專業嚮導帶領比較安心。」也對，熊的腳程豈是人能跟上，我們幾乎看不到他的車尾燈！而接下來幾天發生的慘況，我很難想像，若沒 Tiger 跟在旁邊，我們該怎麼應對。

「有高山拍攝的經驗嗎？」Tiger 像問診的醫師，各種病灶都得抓出來。

「嗯，南極雪山、埃及西奈山、加拿大落磯山、西藏……，」我歪頭細數。

「等一下，我是問台灣。」

「台灣喔，我想想我想想，好像……沒有。」

「那，有裝備嗎？冰爪繩索之類的，可能會下雪。」

「也……沒有。」

問診結束。Tiger 判斷出一個殘酷的事實，他即將帶著一支肉腳拍攝團隊上玉山。我好怕他會掉頭就走，幸好，他願意挑戰極限，並且派出登山界赫赫有名的最強協作朱祐璽。祐璽爬玉山不用穿登山鞋，五趾襪和涼鞋，就能揹起我連問都不敢問有多重的行軍包，翻山越嶺飛簷走壁。兩位限制級保母隨行，我們信心倍增，除了必要的攝影器材和乾糧藥品，裝備不敢多帶，多帶就是多揹多重。每一件放進登山包的物品，都得深思熟慮。

「盥洗衣物用品……，」還在清點，攝影立即打斷，「又不能洗澡，這麼冷也不會流汗，不用帶啦！」

「化妝包……呢？」

「那個也不用帶啦，都不能洗澡了幹嘛化妝。」

第一、二天還能 hold 住，到了第三天，入鏡的畫面，我都是綁著辮子戴著帽子，遮醜遮狼狽。

• • •

攻頂前的第一晚，我們先在入山口的塔塔加研習中心和佳衡、郭熊會合。「這一趟預計是四天三夜，我們這次會去玉山群峰蒐集相機影像，也會用無線電追蹤黃喉貂。現在上面積雪，如果狀況許可，我們會到北峰。」深夜的勤前教育，郭熊說明這次的任務。

「原本的碎石坡就沒有很好走，加上前幾天剛好有一波冷鋒，下了一點雪，這次有特別準備一些雪地裝備，冰爪、冰斧還有繩索，地面也可能會結薄冰」Tiger 接著補充。十一月下旬玉山的天候和路況，讓他擔心這支菜鳥隊伍，能否撐得下去。此時，塔塔加的氣溫已是個位數，我們穿雪衣戴毛帽睡大通鋪，全副武裝還是覺得冷。有經驗的嚮導會要求登山新手爬玉山前，最好先在塔塔加睡一晚，適應海拔和低溫，以及氧氣不足的身體狀態。

第二天清晨，我們一行人從登山口啟程。陽光很好，把心情都曬暖了。第一段走到排雲山莊的八．五公里，大約五、六小時算暖身，慢慢調整步伐和呼吸。

我很享受登山的感覺，尤其微解封以後，入山不需要戴口罩，能夠大口用力地吸飽新鮮冷冽的空氣，疫情下實在太奢侈。在山林未解封之前，我們團隊已經連續好幾個月戴口罩爬山，著實考驗肺活量。邊爬邊拍已經夠喘了，攝影潘郁文，器材不掛在身上好像沒安全感，「萬一半路出現什麼要拍的……。」

「那穩定器也掛著是怎樣，半路是會用到喔？」

「很難講啦！」堅持不拿下來。

就這樣東掛西掛，他那一身永遠又沉又重。一般山路還好，這是玉山啊！所以，很快就出現邊走路邊抽筋的慘況。協作祐璽實在看不下去，這個非人類早已踩著涼鞋先到休息點等待，沒看到我們的影，又往下找人。瞧見拐著腳、還在硬撐的殘兵，管他還要拍什麼，祐璽一把拎住攝影包，直往前衝。

通過溫帶林和寒帶林的分界點，第一個相機的架設點總算到了。是的，才第一個。在玉山樣區，研究團隊總共架了十七台相機，沿路架到最高點，三千八百五十八公尺的北峰氣象站。郭熊更換電池的時候，佳衡抓緊時間展開天線，追蹤黃喉貂的訊號。

「嗶……嗶……嗶……」野外研究，大多時候看不到動物「本人」，發報器的嗶嗶聲，往往是研究員與動物之間，最真實的連結，「知道牠在哪裡，只是看不見。」

佳衡隨身攜帶一張小卡片，上面寫滿黃喉貂的呼名和頻率。她和團隊從二〇一九年到二〇二二年已經捕捉繫放二十九隻黃喉貂，並且戴上發報器，追蹤牠們的活動範圍和移動模式。

「這些都是你的小孩！」

「是啊！我的小孩們。」她高舉天線，陽光灑落在她可愛的臉龐。

小戴、小資、小麟、小洋……，我唸著卡片上的名字，「戴資穎和麟洋配嗎？」

「是噢，因為牠們都是在東京奧運期間捕捉到的研究個體，小戴和小資是戴資穎和印度女將辛度對戰的緊張時刻踏進捕捉籠。」

「沒有小穎喔！」

「第三隻沒有出現。」佳衡笑說，用事件、地點來命名有助記憶。

卡片上我還注意到阿山哥，阿山哥應該要改名為勇腳哥，阿山能輕鬆單攻玉山，從塔塔加登山口到北峰氣象站直線距離十五公里，當天來回不需過夜。

黃喉貂體型小，活動範圍卻不輸給體重五十倍的台灣黑熊。例如「天天」，也就是最初吸引我拍攝的小公貂，研究人員追蹤牠近十個月，透過GPS頸圈定位資料，計算出「天天」的活動範圍，廣達一百一十八·七平方公里，相當於十分之一的玉山國家公園面積。能量太驚人，不知道這小東西的身上，裝了什麼無敵電池。

・・・

我們持續前行，走了兩公里的碎石路，抵達圓峰椽區。圓峰碎石坡的海拔大約三千六百多公尺，氧氣稀薄，這裡才是挑戰的原點。

「前面都算散步啦！」郭熊說。

「這個坡看起來應該有七十五度吧！」我往下看腳邊的碎石陡坡，腳底發涼。

「我也不知道是幾度，反正下去就對了，」郭熊指著遠處的玉山圓柏，「我們的相機就架在那邊。」

「黃喉貂會在那邊活動嗎？」

「不確定，曾經發現水鹿的排遺。」

「所以，有可能下去也收不到任何畫面，卻要花這麼多的體力，耗這麼多的氣氣。」

「槓龜的機率很高，重點是，我們不只來一次，常常來，常常槓龜。」郭熊說，還好自己很愛爬山。

我深信，野生動物的研究員，需要絕對的熱情熱血、體力毅力，特別是在艱難的環境工作，或者調查謎樣的物種，只要有萬分之一的可能性，他們絕對不願錯過。

即使下到懸崖，發現自動相機沒有拍到黃喉貂的影像，他們會很正向地告訴你，至少證明，黃喉貂沒有在這個區域活動，如此一來，物種的棲地樣貌將更明瞭。這就是研究員的精神。

「走囉！記得用之字坡的方式下坡。」再險峻的地勢，熊從沒猶豫半步。幾近垂直又陡又滑的碎石懸崖，沒路，只憑經驗和膽識。我踩下的第一腳立刻打滑，滑了幾步，碎石也跟著滾落，如果不保持距離，其他人可能會被我的落石擊中。而佳衡手長腳長沒有讓爬坡更輕鬆，好幾次她差點摔跤，但是她沒卻步，慢慢地移動身體，謹慎判斷下一步該踩在哪裡。安全抵達一個定點，還得匍匐前進，穿越低矮的圓柏灌叢，整個過程就像軍事訓練。

滾動魔鬼坡的自動相機畫面收好了，接著我們攻往三千七百五十二公尺的圓峰頂。

「我們在玉山山脈，你現在站的地方是台灣最高的稜線，比中央山脈、雪山山脈都還高！」郭熊興奮地說。我不敢貪戀山景，這一路上來手腳都用上了，Tiger 還一邊拎住我的後背包背帶，避免我滾下去，「不要往下看！」他大聲叮嚀。

山風狂傲地呼嘯著，迎面襲來幾乎睜不開眼，連呼吸都很困難。來到諸神的領地，人類只能謙卑低頭。

• • •

「佳衡，黃喉貂究竟有什麼魅力讓你願意冒險？」我忍不住問。

「黃喉貂很神秘啊！台灣針對黃喉貂的研究其實沒有很多，這個特別的物種，有許多讓人想去探討的生態知識。」

一整天驚魂動魄，天黑回到借住的醫療站，我鑽進睡袋只想躺平，攝影們也癱在地板，哀嚎的哀嚎，拉筋的拉筋；但是研究員非人類團，卻能繼續聊天泡咖啡吃零食。兩個攝影半夜高山症發作，吃了藥也沒見效，頭痛炸裂想狂奔下山。我很幸運從未受高山症所苦，記得一年搭青藏鐵路列車，登西藏的布達拉宮，海拔三千七百公尺九百多個階梯，我一口氣三步併兩步直奔而上。高海拔又缺氧讓許多人在半途氣喘吁吁，還有人拿出攜帶式氧氣瓶猛吸。

雖然沒有高山反應，我依舊輾轉難眠，因為，黃喉貂真的很難拍啊！一趟上來「工程」這麼浩大，畫面沒拍夠可怎辦？我曾竊喜黃喉貂是日行性動物，過去節目拍攝的物種多是夜行性，黑漆漆的不好拍也不好追。但事實證明，日行性沒有比較好拍或好追。接下來幾天，幾次的短暫相遇，岩石上、山林間、樹梢頂，一道黃色閃電光速移動，還沒定睛看分明，牠們一閃而過，只留下一抹氣味。

最後一日傍晚暮色滿天，醫療站的木橋邊，有影子劃過，直覺是牠！我緩緩轉身，悄悄蹲低，對上一雙靈動的大眼睛，正好奇打量我，牠可愛地晃了晃頭，或許察覺前方的龐然大物沒有冒進的意圖，牠低下頭，逕自玩起腳下的草。過了好一會兒，同伴來尋，兩道黃色閃電才一同從視線消失。

謝謝你！我默默感謝，謝謝你來到我的鏡頭前，謝謝你讓台灣的屋脊，更生動鮮麗。

2 貂幫男團

貂幫的兄弟可重義氣了，一起出門就要一起回家。牠們會互相等待，並且發出類似答答的聲音，催促同伴「卡緊咧啦！」最特別的是，當一隻黃喉貂踩進研究籠，另一隻會守在籠外，甚至等一個晚上，絕不輕易把兄弟落下。

如果說蒐集畫面是體力戰，那麼，分析畫面就是耐力戰了。成千上萬個自動相機影像，觀看、辨識、篩選、歸納、建檔……，工程龐大繁浩，消耗的心力和眼力，我也是親身體會之後才完全徹悟。

一格一格的畫面，是進入野生動物未知領域的鑰匙。透過佳衡整理出的影像，證實圓峰碎石坡，除了水鹿和高山田鼠，也有黃喉貂出沒！太好了！我鬆了一口氣。雖然研究員說平常心，我總忍不住多心，如果極限運動等級的陡坡，一趟一趟下去上來全無所獲，這種白工實在太費工。

另一台架在北峰氣象站的相機，畫面非常熱鬧歡樂，阿貂們三三兩兩在玉山圓柏前開心玩耍，即使下著雪，這個點位也很熱絡，鮮黃色的身影來來去去，在積雪的地面留下足印。黃喉貂的好奇心相當旺盛，自動相機的防水塑膠外殼，甚至被拆下來當玩具丟來丟去咬來咬去。除了嬉戲的情節，相機也記錄到驚悚劇情，一頭驚慌失措的山羌邊奔跑邊尖叫，兩隻黃喉貂跟在後面緊追不放。

黃喉貂也善於做標記。深受貂群歡迎的熱門場所，例如陽光篩落的樹幹分叉處，就是超搶手的發呆亭。阿貂會用屁股磨來磨去、肚子滑來滑去，留下味道畫地盤。滑稽的動作，讓我想起在巴西濕地拍攝水豚，牠們會用鼻子上的腺體，塗抹氣味在植物上做記號，「抹過去通通都是我的！」就是這個意思。呆萌的水豚，仰頭搖晃鼻子的模樣，實在太逗。

• • •

由於黃喉貂的相機監測和目擊資料中，超過百分之五十是兩隻個體一起活動，甚至有三到四隻，而成群的幾乎都是公貂。這樣的「男團」實在罕見，因為貂科動物多半獨居，過去也沒有雄性結盟的紀錄，黃喉貂的社會結構顯然與一般貂科同類不同。

研究員想明確知道，結伴同行的黃喉貂，個體之間是家人還是朋友？有血緣關係或者只是利益結盟？此外，群體組成以後，同伴關係可以維持多久？

鍾佳衡團隊採集組織樣本，送到台大動物科學系的遺傳研究室委託朱有田教授做親緣鑑定。朱教授，學生都叫他小朱老師，他的名片上也印了一隻小豬，因為他最著名的研究，就是台灣原生種蘭嶼豬。「我原本最不想研究的就是豬！」他每次都這樣開玩笑。

那一日在細胞培養室，小朱老師認真地對我說，「心儀，沒想到你真的爬到玉山拍黃喉貂！」咦，這句話怎麼似曾相識，可能太常聽到：「心儀，沒想到你是玩真的！」

「報告老師，動物在哪裡，我就去哪裡！」

「下次去南湖大山拍山椒魚如何？」

「只要老師願意讓我跟我就去！」

朱有田教授利用細胞培養及微衛星序列，分析黃喉貂的組織樣本，他發現，黃喉貂的聯盟，「幫派結黨」的可能性，比家族行動高出許多。

「我們分析的結果，黃喉貂的家庭狩獵可能性很低，我們推測，牠們應該是找好朋友，或者找好兄弟一起打群架！」小朱老師幽默地說，牠們就是幫派啦！一起出門就像相約唱 KTV，群體狩獵就是打群架！不是什麼家庭郊遊啦！

原來，男團是幫派！還會打群架！

也是，要撂倒一頭比自己體型大幾倍的山羌，肯定得多撂幾個兄弟。貂幫的兄弟可重義氣了，一起出門就要一起回家。牠們會互相等待，後面的要是沒跟上，前面的會停下腳步，並且發出類似答答的聲音，催促同伴「卡緊咧啦！」最特別的是，當一隻黃喉貂踩進研究籠，籠門關起來以後，另一隻會守在籠外等待，甚至等一個晚上，絕不輕易把兄弟落下。

儘管在貂幫心中，「意義是什麼，我只知道義氣」，但是幫派也是會拆夥的。多數公貂的同群關係能維持四到八個月，當然也有快的，一兩個月就拆夥。有的黃喉貂，從男團「單飛」之後，很快的又會加入另一個男團，或是自己再組一個少男團體。拆夥的原因是什麼？如果當初是志同道合相約出道，

黃喉貂毛色多彩鮮麗，頭部是褐色，下顎是白色，頸部是亮黃色，腳和尾巴是黑色，很少看到一次集滿這麼多顏色的哺乳類動物。（印莉敏攝影）

黃喉貂靠爆發力和集體作戰，獵捕比自己體型大的山羌、山豬。由於黃喉貂擅長攀樹，猴子也在牠的菜單選項。（印莉敏攝影）

黃喉貂研究員郭彥仁（圖右），標準海軍陸戰隊體格，外號郭熊。爬玉山對熊來說，根本像散步，我們幾乎看不到他的車尾燈！

團隊雖然遠征過七大洲，但是在三千多公尺的山巔拍攝，經驗仍嫌不足。帶著一支肉腳拍攝團隊上玉山，高山嚮導 Tiger（圖右）沒在怕，勇敢挑戰極限。圖左與右二，分別為攝影師卓經國與潘郁文。

從黃喉貂的監測資料中發現，超過百分之五十是兩隻個體一起活動，也有三到四隻，而成群的幾乎都是公貂，可說是「貂幫男團」。（印莉敏攝影）

研究人員發現，貂幫男團間應該好朋友群體狩獵。牠們很重義氣，一起出門就要一起回家，還會互相等待，不過可能幾個月就拆夥或重組。（印莉敏攝影）

黃喉貂是機會主義廣食者，有什麼吃什麼。上山遊客攜帶的食物如果不慎掉落，或者隨意丟棄，都會引起黃喉貂的注意。有的山友看見可愛的阿貂，還會丟東西餵食。愛牠，請不要餵牠，你的愛會害了牠。（印莉敏攝影）

分開的理由是因為理念不合嗎？我覺得非常有趣。

我想起曾經在非洲大草原拍攝獅子男團、獵豹男團，成員單身又年輕氣盛，全身散發出行走荷爾蒙的氣息。其實，獅子男團的成員，大多是被獅王老爸趕出去的，老爸可不希望兒子長大以後，挑戰自己的權威、威脅自己的地盤，甚至搶奪自己的女人。所以當雄性幼獅長到兩三歲，就會被獅群驅逐出去。無家可歸的小公獅乾脆找「同病相憐」的夥伴共組聯盟，一起獵食一起生活，集體行動天不怕地不怕。等練好身子壯好膽子，再回家和父親比輸贏。

黃喉貂也是這樣嗎？爹不疼娘不愛的少年郎離家組成男團？令人好奇。

• • •

儘管研究團隊已經獲得重大科學發現，調查幾年下來，自動相機始終沒有記錄到黃喉貂的育幼行為，只能從動物的外觀變化，例如繁殖週期，公貂的生殖特徵特別明顯，初步推估黃喉貂十到十二月配對，三到四月生產。後續還需要更多追蹤，才能更深入了解黃喉貂的繁殖模式和親屬結構。

劃過玉山的黃色閃電，留下美麗的謎。或許，追到了閃電，解開了謎題，就能更了解台灣山林的生態與環境。至少，研究人員是這樣相信著。所以，他們日日年年走在台灣的屋脊，不去回頭計量苦行的每一步，走得值不值得。

3 我不吃你的食物

郭熊也曾遇見一隻黃喉貂，為了舔食八寶粥鐵罐的殘渣，整顆頭塞進罐裡就卡住了，他衝上去幫牠把罐頭拔開，郭熊說，從拔除的力道研判，如果黃喉貂沒有外力幫忙，牠只能等死，緩慢地窒息死亡。

我們人類正在改變黃喉貂的覓食行為。

鍾佳衡從玉山和塔塔加地區的監測影像中，發現有廚餘剩食的點位，幾乎都能拍到黃喉貂，例如圓峰山屋的廚餘桶、排雲山莊和塔塔加遊客中心的廚房邊。這些地方的誘捕籠，中籠率也很高。這一天，我們跟著佳衡到遊客中心廚房後方的竹林布置誘捕籠。附近的相機曾拍到黃喉貂咬食物的包裝袋，甚至把塑膠袋吃下肚。黃喉貂雖然是食肉目動物，但是要吸引牠們到誘捕籠，只需要給一點甜頭。鍾佳衡參與過台灣黑熊的捕捉繫放，她發現誘捕黑熊的籠子，黃喉貂都會跑進來偷吃陷阱的蜂蜜。原來，蜂蜜比山羌肉更具吸引力！阿貂常常吃到欲罷不能，吃得滿臉都是黏黏的蜜。有時候兩隻黃喉貂一起在籠裡吃，第三隻擠不進來，還在籠外排隊等待。

我想多解釋一下為什麼要設置誘捕籠。野生動物的調查研究有一個很重要的方法叫做「捕捉繫放」。研究員以不傷害動物為原則進行捕捉，並且測量和蒐集數據，包括基本的形質資料，毛髮血液的採集；最後，為動物繫上追蹤器，植入晶片和耳標，再放歸野外。

其實，為動物戴上發報器向來有不同聲音，反對者認為動物長期戴著頸圈，或者揹著像便當或背包的東西，行動彆扭不說，還可能造成不良影響。但是研究員強調，每一個物種配戴的追蹤器，重量全部經過反覆精算，避免動物過度負擔，此外，透過追蹤器才能取得重要資訊，例如動物的生態習性、移動路線、分布範圍、棲地樣貌等等，這些資料，對未來的保育政策，特別是瀕危物種的保育，提供寶貴的線索和關鍵的數據。

有學者專家用「必要之惡」形容發報器的使用。必要之惡，Necessary Evil，南非犀牛孤兒院的院長也說過同樣的話。母親遭屠殺後被送到孤兒院的犀牛寶寶，院方為牠們定期去角，因為，去掉美麗的犀牛角，等於去掉盜獵者的殺機。

「有必要做到這麼極端嗎？」我曾問過院長，犀牛沒有角了還算犀牛嗎？

她深嘆一口氣，我們也不願意這樣做，但是，Necessary Evil 啊！或許真有一天，野外存活下來的犀牛，都是被去掉犀牛角的。成因複雜的事件，確實很難用單一角度和面相去衡量評斷。

• • •

由於黃喉貂是機會主義廣食者，有什麼吃什麼，腐肉也能吃。在覓食困難的區域，例如人類長時間活動的山區，捕食獵物原本就不容易，現成的廚餘自然有無可抗拒的吸引力。上山遊客攜帶的食物如果不慎掉落，或者隨意丟棄，都會引起黃喉貂的注意。有的山友看見可愛的阿貂，還會丟東西餵食。我曾在宜蘭太平山的停車場，目睹黃喉貂主動靠近遊客乞食，甚至鑽進垃圾桶翻找食物。郭熊也曾遇見一隻黃喉貂，為了舔食八寶粥鐵罐的殘渣，整顆頭塞進罐裡就卡住了，他衝上去幫牠把罐頭拔開，郭熊說，從拔除的力道研判，如果黃喉貂沒有外力幫忙，牠只能等死，緩慢地窒息死亡。

山與林，我們人類只是過客，野生動物才是住民。到別人家作客，不亂丟垃圾、把垃圾帶走，是最基本的禮儀。別以為果皮、廚餘、衛生紙會自然腐化，事實上，在高山低溫環境下，果皮猶如冷藏在冰箱，經過好幾月都不會自然分解；此外，果皮如果殘留農藥，還可能危害野生動物。所以，不屬於山林的，通通帶下山吧！

最後，請別再餵食野生動物了。野生動物不是食物、藥物，也不是寵物。愛牠，請不要餵牠，你的愛會害了牠。過度依賴人類餵食的野生動物，結局往往是遺憾。

Formosan
Giant Flying Squirrel

CHAPTER 4

城市精靈‧‧大赤鼯鼠

1 最狂拍攝計畫

要長時間記錄住在台北公寓天花板的飛鼠家族，該怎麼做？平常屋主一家人各自上班上課，不可能時時刻刻打擾，或者半夜在人家屋裡蹲點。後來，我們討論出一個大膽的方式，在天花板架設自動相機。

飛鼠應該算是史上最瘋狂的拍攝計畫了。

會做瘋狂的事，通常是有瘋狂的朋友推坑。起頭的是植物暢銷書作家胖胖樹王瑞閔。草鴞和穿山甲的紀錄片播出之後，某日，胖胖樹忽然提議：「妳應該做一集鼯鼠（飛鼠），鼯鼠也有許多未解的謎。」

「什麼謎?」果然引起我的興趣。

「等妳拍啊!」等於沒回答。

偏偏我很容易被煽動,更何況,搧風的是植物男神胖胖樹啊!本人一點都不胖的胖胖樹,每一本巨作(都超過十萬字)都是一本植物的百科全書。為了籌措研究植物的基金,森林系的他在房仲業工作好幾年,用麵包養愛情。他盼望,植物能被更多人認識與珍惜,特別是那些漸漸被遺忘在台灣各個角落的植物,有的還來不及被大眾認識就已經從台灣消失。「植物比動物弱勢,」他說,植物不發聲也不賣萌,關注度往往沒有動物高,「植物也有孤兒啊,希望哪天你也能拍植物的孤兒。」

很多時候,保育復育了某種植物,也等於保育復育了某種動物。從地球的孤兒延伸到植物的孤兒,挑戰很大,但是瑞閔,我記下來了。

接續推坑的是生態藝術家黃一峯。有一種朋友,會不斷逼你去做遲遲未完成的事，而且永－不－放－棄。黃一峯就是這種朋友。例如考潛水證照，平時拍攝工作太忙，我一直拖，他一直唸，「身為一個生態紀錄者，記錄海下物種，專業技能一定要練好，潛水是基本的……，」我和攝影，就在他的鞭策之下，乖乖去小琉球考照。

一峯也是《台灣的精靈》節目的主視覺設計。他手繪的草鴞、白海豚、穿山甲，驚豔各大國際影展。這一次，當一峯知道我有拍攝飛鼠的意圖，他告訴我，有一個朋友家的天花板夾層，好像有飛鼠母子入住，「你可以去記錄他們家的飛鼠。」

「有那麼剛好！」

「對啊，動物會來找你。」

「好像，是有還是沒有？」

「有，朋友曾看到飛鼠本人。」

「在別人家要怎麼弄？」

「不知道，研究看看。」

確實，要長時間記錄住在台北公寓天花板的飛鼠家族，該怎麼做？平常屋主一家人各自上班上課，不可能時時刻刻打擾，或者半夜在人家屋裡蹲點。後來，我們討論出一個大膽的方式，在天花板架設自動相機。幸運的是，屋主夫婦宋明光、王珮琳願意支持這項瘋狂計畫。

• • •

以往的紀錄片，我們多半使用研究員提供的自動相機影像，這一次，我們決定自己動手架設。五台相機，從巢內、洞口，一直到附近欄杆等等，二十四小時全天候近距離觀察飛鼠家族的生活作息、出門動線、覓食動線、返家動線。我們原本擔心，飛鼠看到家裡多了新「家具」，會不會警戒或彆扭？結果，阿鼠們若無其事地睡覺、梳毛、玩鬧打架，完全沒有異物感。相機架上去了，接下來，更換記憶卡也是大工程，必須等到飛鼠們全部出門，才能闖空門更換，所以，換卡時間，往往在半夜一兩點。

最後，最可怕的來了：影像紀錄。這項觀察工作，讓我的視力衰退不少，出現提前老花的傾向。紀錄片剪接完成之前，我們一共記錄了二百五十天。每一台相機，一分鐘會產生一格影像，算一算，五台共有超過一百八十萬格影像。是的，一百八十萬格。打從ＤＡＹ１開始，我每日認真做功課，起床眼睛睜開先查看相機影像，搭捷運也看，吃飯也看，無時無刻關注飛鼠在做什麼。幸好牠們白天幾乎都在睡覺，或者整理尾巴。飛鼠每天會花很多時間整理尾巴，把尾巴順到膨膨鬆鬆。又大又蓬的尾巴可以繞住脖子當圍巾，臉髒了還可以當毛巾。日間活動不多，入夜以後，牠們才開始活絡。媽媽會帶寶寶練飛、上樹、覓食，太陽升起以前再一起回家。所以，晚上的時間我幾乎都在監看飛鼠。每一天，幾點幾分，哪一機，哪一格影像，有什麼有趣的互動，有什麼行為變化，有什麼新奇發現，全部鉅細靡遺筆記下來，優質畫面還要用紅筆特別註記，將近一百頁的筆記本寫得密密麻麻，而且絕對不能偷懶。只要偷懶一天，接下來要補看，又得耗更大的工時。更何況，如果沒有每天記錄，怎麼知道飛鼠的細微變化？怎麼寫得出完整故事？如果不把影片事先挑出來，剪接後製的時候，去哪裡大海撈針找影像？

觀察飛鼠的漫漫過程，每天用力盯著相機畫面看，眼睛酸澀，眼壓也升高不少。雖然是業餘，我卻能體會專業研究員的辛苦。研究一個物種，需要花多少心力體力和眼力啊！而且日日年年，重複同樣的觀察流程，相機畫面還不能快速刷過去隨便看，因為動物許多細膩的動作，需要仔細觀看才看得出來。

我記得五年前遠赴哥斯大黎加，跟著樹懶研究員做夜間調查。樹懶是地球上最慢的哺乳類動物，幾乎不太動，就算有移動，也看不太出來。但是研究員竟然能清楚寫下每分鐘發生什麼動作：轉頭，抬手，往右邊移動，往上爬，準備便便……，我佩服到五體投地。向地球上的生態研究員致敬。

• • •

最後，有瘋狂的拍攝計畫，也需有瘋狂的攝影團隊執行。拍攝飛鼠必須長時間犧牲睡眠，像怪客一樣苦蹲路邊（順便捐血餵蚊子），大半夜守株待鼠，仔細觀察飛鼠的飛行動線和降落位置，才能拍到經典的「褐色抹布」飛越畫面。許多觀眾說，這是他們第一次清楚看到飛鼠在城市穿越飛行的畫面。

攝影男團郁文、經國和一峯非常偏執，飛鼠深夜出門要拍，清晨返家也要拍，飛鼠的眼神不美、姿勢不優也要重拍。節目有一個鏡頭，飛鼠從主持人頭上飛過去，因為美得太不真實，還被懷疑是不是合成。其實這一個鏡頭，背後是無數時間和苦力累積出來的成果。

「飛鼠飛過的位置，必須在你頭頂的正上方，」郁文很堅持，所以，多次拍到飛鼠從側面飛過，全算NG，正上方才OK。

一遍一遍的「明天再來」、「再拍一次」，終於捕捉到連英國BBC紀錄片製作人看了都驚嘆：「How did you do it?」（你們怎麼拍到的）的夢幻鏡頭。

這個嘛……，蹲點、防蚊液、大冰美，和不拍會死的瘋狂。

2 飛寶學飛記

深夜十一點，飛鼠母子離開巢穴，飛寶緊緊跟在媽媽後頭，腳沒踩穩，一個踉蹌差點跌倒。接下來幾天，牠走在欄杆不停滑跤，越滑越膽怯。欄杆又滑腳又難抓穩，但飛鼠要在都市的水泥叢林存活，就必須學習攀爬鐵窗。

宋明光王珮琳一家人，有一個住在天花板夾層的室友。明光認為，飛鼠室友住進來可能超過十年，天花板已經出現抓痕。他曾想過整修房子，但考慮到室友應該不喜歡房子重新裝潢，或者飄出奇怪的油漆味，最終作罷。前一陣子，屋頂多了一個小小的腳步聲，夫妻倆猜測，飛鼠可能生了寶寶。就這麼剛好，這時候，黃一峯帶著我們團隊出現在家門口。

自動相機裝上去之後，「你們不能吵架或打小孩喔，聲音都會被收進去喔！」我們故意恐嚇。

「才不會呢！與飛鼠同住這麼多年，從沒有想過可以這樣觀察牠們，我們非常期待！」明光和珮琳本業做的是科技和醫療，對於動物觀察卻有濃厚的興趣，兩人也在荒野保護協會擔任解說員。我相信動物會挑人，能感受到這戶人家的善意，才會選擇寄住超過十年。明光說，公寓天花板夾層的小洞，是當初施工的疏忽沒有密封起來，沒想到，這個洞口，意外成為飛鼠進出人類世界的通道。

•••

這隻飛鼠是大赤鼯鼠。

台灣有三種飛鼠，大赤鼯鼠、白面鼯鼠和小鼯鼠，全屬台灣特有種。其中，棲息在海拔一百到兩千六百公尺的大赤鼯鼠，分布最廣，與人的生活領域重疊最多。隨著地球大規模都市化，許多野生動物為了生存開始適應都市環境、習慣與人類共處，甚至改變行為模式。大赤鼯鼠就是非常典型的都市化物種。台北市的人口多達兩百五十五萬，平均每平方公里住了九千四百人，是台灣人口密度最高的城市，台北也是亞洲最繁忙的都市之一，即使在這麼擁擠的大都會，野生動物還是能在看不見的角落縫隙，生存繁衍。

記錄飛鼠的第一天，是二〇二一年九月十五日。從黑白影像中，看見夾層內，兩雙發亮的眼睛閃爍著，一大一小，家族新成員確認報到。小飛鼠叫什麼名字好呢？明光一家人想，飛鼠的寶寶，那麼，就叫飛寶吧！大赤鼯鼠一年有夏冬兩個繁殖季節，飛寶應該是夏天生的。飛鼠出生三個月能獨立生活，算算時間，差不多該學飛了。

深夜十一點，飛鼠母子離開巢穴，飛寶緊緊跟在媽媽後頭，腳沒踩穩，一個踉蹌差點跌倒。接下來幾天，牠走在欄杆不停滑跤，越滑越膽怯。欄杆不像樹枝，又滑腳又難抓穩，但是，要在都市的水泥叢林存活，飛鼠必須自我強化，學習攀爬鐵窗。

這天晚上，飛鼠媽媽又帶著飛寶站在鐵窗練習，飛寶一下伸展，一下咬尾巴，想了想，身體又縮回去，嗯，先不要好了。以拖待變幾天，飛寶開始模仿媽媽起飛前的預備動作，例如舔舔手，理理尾巴。比身體還長的尾巴讓飛鼠在跳躍或者飛行的時候，能有穩定器的功用。說飛，其實飛鼠不是飛行而是滑行。雖然沒有長翅膀，飛鼠卻自帶飛行傘，牠們的前肢與後肢之間長了一層翼膜，前肢的翼手骨能把翼膜撐開。飛鼠藉著氣流，從高處往低處跳，在樹冠間滑行，甚至能在空中轉向，腿稍微抬高就能改變路線，擺動尾巴還能保持平衡以及剎車降落，單次滑行最遠可達一百五十公尺、時速五十公里，移動、避敵都很有效率。

一個星期過去了，不能再猶豫了，就是今晚了，飛寶擺好姿勢，一鼓作氣，像紅色火箭噴射出去！當我透過銀幕，看見火箭發射的實況，興奮地手舞足蹈，彷彿見證登陸月球。

「飛鼠飛了這麼開心！」老公覺得不可思議，他常用走火入魔形容我的偏執。

●●●

從會飛的那天起，飛寶就跟著媽媽到附近的樹林覓食。飛鼠的主食是嫩葉嫩芽、種子和果實，牠們也會啃樹皮。飛寶和媽媽還喜歡舔舔欄杆、舔舔鐵窗，這些能釋出鋁、鉛、銅、鐵的金屬，成為都市動物補充礦物質的營養棒。

剛開始，媽媽會帶著飛寶站在欄杆上，仔細觀察四周環境，風向、氣流、雨勢、路人或者遊蕩犬貓，評估最佳的起飛位置。書房上方、廚房轉角，或是防盜鐵架，都是牠們會選擇的點位。上樹以後，媽媽還會停下腳步等飛寶趕上，因為從一顆樹滑翔到另一棵樹，速度相當快，很容易跟丟。沒多久，飛寶就開始探索不同路線，牠也找到合適自己體能體型的降落方式。飛鼠媽媽不管從空中飛撲鐵窗，還是直降屋頂，都展現女王的自信。飛寶就謹慎多了，牠習慣分段式跳上鐵窗，還不斷回頭，確定後方沒有奇怪的東西跟上來。

觀察飛鼠家族已經超過一個月，除了日常活動，我們也記錄到飛寶第一次經歷颱風和地震。二〇二一年十月二十四日，宜蘭南澳發生規模六．五地震，台北震度四級，夾層劇烈搖晃。飛寶嚇得奪門而出，倒是媽媽很淡定，守在洞口等待飛寶回家。

但是，這一個月來，自動相機始終沒有拍到重點部位，無法確認飛寶是男生還是女生。我決定拜訪臺中市野生動物保育學會的研究組長林文隆。我在拍攝草鴞的時候就認識文隆，因為曾習碩救傷的草鴞，野放前還專程送到文隆的保育學會戴發報器。後來我才明白，文隆調查研究的物種，從天上飛的到水裡游的通通包，除了草鴞和領角鴞，一回我參加研討會還聽他談巴氏銀鮈！簡直是神一樣的存在。至於飛鼠，林文隆應該是台灣最早調查飛鼠的生態學家。從二〇〇三年開始，他在台中霧峰地區裝設巢箱研究領角鴞，意外發現巢箱內出現大赤鼯鼠入住，於是展開長時間的飛鼠研究。所以，要詢問飛鼠的生活習性、行為模式、繁殖週期、活動領域、社會結構等等，除了文隆，沒有第二個人選了。

林文隆觀察到，飛鼠屬於母系社會，建立領域的是母飛鼠，捍衛地盤的也是母飛鼠，公飛鼠只是流蕩者。「母飛鼠的耳朵常會有缺刻，這是打架留下來的傷口，牠們打架會互咬對方，就像人類女生打架會互扯頭髮一樣！」生動的形容讓我忍俊不禁，或許我也是一頭長髮，互扯頭髮真的很有畫面。

寶寶生下來以後，育幼時間男女有別，女兒會跟在身邊一年，兒子三個月斷奶、自由活動之後，就會被媽媽趕出去。

「如果生的是女兒，牠可能會留下來顧下一胎的弟弟或妹妹，所以可以看到媽媽、姊姊，跟弟弟或妹妹的組合，但是你不會看到媽媽、哥哥，跟弟弟或妹妹，因為哥哥一定是出去了。」按照林文隆的分析，留在母親身邊，將來會幫忙照顧弟弟妹妹的是雌性幼鼠，那麼，遲遲未離家的飛寶，應該是女生了。

• • •

十一月初，洞口突然來了陌生男士。母女倆在巢裡聽見聲音，立即起身一探究竟，結果公飛鼠沒膽，一溜煙就跑了。初次到訪，男女雙方根本沒有見到面，媽媽開始在樹上留下線索記號，公飛鼠注意到了，遠遠就能聽見牠的熱情召喚。公飛鼠完成繁衍後代的任務隨即離開，牠可不負責照顧妻小！母飛鼠的懷孕期大概四十天，順利的話，十二月下旬，飛鼠媽媽會再生一胎，飛寶也將升格為姊姊。

立冬過後，溫度漸漸下滑，飛鼠媽媽忙著叼木片樹葉，把床鋪得暖暖厚厚。媽媽每天都會咬巢材回家堆進巢裡，越堆越高，幾乎遮住巢內的自動相機視角。此外，母女倆的作息也漸漸調整，以前都是一前一後午夜出門、清晨回家，從十二月中開始，飛寶提早到傍晚離巢、半夜回巢，刻意和媽媽的時間錯開，似乎在為即將到來的大事做好準備。

十二月二十七號生產的這一天，飛鼠媽媽比平常提早一個小時返家，半睡半醒很不安穩，倒是飛寶睡得可熟了。我原先預測夜行性的飛鼠，生產應該多在晚上，結果飛鼠媽媽早上九點陣痛開始，牠不停舔肚子，還不時出力。大約二十分鐘後，一根小尾巴劃過，接著，寶寶小小的腦袋瓜出現了，濕答答黏呼呼的身體不停扭動，很有活力。這時候，飛寶才突然驚醒，發現巢裡多了一個小傢伙，牠湊過去看友善的舔了舔，還叼來巢材遞給媽媽幫寶寶保暖，牠已經像個照顧年幼手足的大姊姊了。

生完小孩，飛鼠媽媽沒多休息，當晚立刻外出覓食，牠必須盡快補充營養才有足夠的奶水餵寶寶。雖然是單親媽媽，還好有女兒幫忙輪流照顧。天氣越來越冷，媽媽每天都會帶保暖巢材回家，出門前也會把草和樹葉拉過來當眠被蓋在寶寶身上。飛鼠出生的時候，光溜溜的沒有毛，容易失溫也非常脆弱，媽媽和飛寶才會刻意錯開時間輪流照顧，盡可能不讓寶寶落單。

飛寶偶爾會忘記家裡添了新成員，回家直撲進門，差點踩到寶寶。媽媽火速擋在前頭，低吼斥責，趕緊把小孩叼來懷裡護著。媽媽的偏心疼愛，小姊姊明顯感受到了，飛寶開始黏著媽媽討抱，家裡沒大人的時候，牠也會踩過寶寶的頭進出。

偷偷欺負新生的弟弟妹妹，爭寵果然是所有動物的天性啊！

3 小黑失蹤記

自動相機最後拍到小黑的影像，是半夜三點半，牠不知道怎麼飛上樹，接著往樹冠奔跑，三十秒後一個黑影往下掉，一聲巨響後，小黑消失了。如果是墜落遮陽板，小黑會不會受傷？會不會被附近的流浪犬叼走了？

寶寶是弟弟還是妹妹，關鍵證據還沒出現。但是牠旺盛的精力像男生，白天也不睡覺，在媽媽和姊姊的身上踩來踩去爬來爬去，還把人家的肚子當跳跳床。

終於在滿月的這一天，寶寶的性別終於揭曉，牠四腳朝天仰躺，定睛一看，果然是男生。叫牠小黑吧！我們覺得牠黑溜溜的，很適合「小黑」，俗俗的好叫好養。

新生兒大約三十天才會睜眼。小黑分不清東南西北，牆上突起的釘子，牠也會當安撫奶嘴吸。靠著嗅覺東聞西聞度過三十八天，小小飛鼠總算開眼了。小小的眼睛閃啊閃的，但是牠只開一隻眼睛，另一隻眼睛依舊緊閉著，正擔心牠是不是獨眼黑，過了二十四小時，第二隻眼睛睜開了，謝天謝地。四十八小時後，小傢伙一邊抖一邊穩住後腳，努力撐起屁股，完美！這一幕讓我激動得眼眶泛紅，彷彿是自己學步的孩子，搖搖晃晃邁出人生的第一步。

出生第五十天，小黑爬出巢穴到處走動，男生膽子大，剛離巢就直接往洞口走去。媽媽趕緊咬住牠的尾巴，但牠早已等不及想探索外面的世界。深夜，牠悄悄地從媽媽背後探出小腦袋，接著小心翼翼伸出腳，站在鐵窗上，都還沒踩穩，牠已經喬好預備動作，作勢往下跳。這段暴走期，可累壞了飛寶，全職保母實在太折騰，白天根本不能好好睡覺，無時無刻得緊盯著弟弟，跟前跟後，小黑只要往門口走，飛寶立刻衝上前擋住，一副「你給我站住」的架式，攔都攔不住的時候，牠還會從背後抱住弟弟，用「你給我回來」的姿態，把小黑硬拖回巢。為了報復，飛寶打瞌睡的時候，小黑還會故意湊過去，嚼姊姊的耳朵。雖然小姊弟倆常打打鬧鬧，飛寶實在是一個盡職的好姊姊，牠很愛護弟弟，媽媽不在家時，牠姊代母職，幫忙分擔許多育幼工作，夜半天涼，牠也會把尾巴繞在弟弟身上當棉被保暖。

•••

按照生態學家過去的觀察紀錄，小飛鼠的翼手骨發育好之後，差不多三個月才會滑行，小黑似乎急著打破紀錄，出生不滿兩個月，牠已經掛在鐵窗準備起飛。但是，就像飛寶當初練飛一樣，攀爬古溜的鐵欄杆，永遠是最難的障礙，小黑好幾次差點摔下去，但是牠沒在怕，跌跌撞撞從失誤中學習，大人不在家的時候，牠還會自己溜出來東看西看摸索環境。三月初一個濕冷的夜晚，飛寶全身濕淋淋回來，走進巢內開始理毛。咦，弟弟呢？一整個晚上，牠似乎在等弟弟回來，聽到聲音立刻探頭查看。但是天都亮了，還是沒有看見弟弟。小黑到底去哪裡了？自動相機最後拍到牠的影像，是半夜三點半，牠不知道怎麼飛上樹，接著往樹冠奔跑，三十秒後一個黑影往下掉，一聲巨響後，小黑消失了。如果是重力加速度墜落遮陽板，小黑會不會受傷？會不會被附近的流浪犬叼走了？或者，過馬路有沒有可能被車撞到？因為從公寓居住點到對面的覓食點，飛鼠每天需要飛越馬路，這條馬路公車往來相當頻繁，即使深夜，班次仍然密集。

相機傳來這樣的畫面，大家都很不安。小黑墜落的影像實在太揪心，看我整天垂頭喪氣，「牠是飛鼠ㄟ，飛鼠怎麼會摔死！」老公用科學觀點，希望我能恢復理智。我不知道會飛的動物會不會摔死，只知道當你太過牽腸掛肚一件事，判斷力往往欠缺客觀。

小黑徹夜未歸，飛鼠媽媽似乎沒有太心急，白天依舊睡得安穩，倒是飛寶翻來覆去，有種「沒把弟弟顧好」的自責擔憂。午夜時分，飛鼠媽媽終於開始行動，她一邊移動，一邊發出聲音呼喚，接著飛撲到小黑最後出現的相思樹。幾個小時後，一個小小身影奮力跳上鐵窗，是小黑！飛寶在巢裡聽見遠方傳來的聲音，像觸電一樣跳起來直衝洞口，果然，媽媽帶著弟弟出現了！一家三鼠抱在一起，回家真好。

「假如牠沒有辦法平安飛出去，摔落受傷或死亡，大自然可能把牠淘汰掉了，也只能尊重大自然的法則。」雖然嘴巴這樣說，珮琳天一亮就把住家附近翻找一遍，還打電話給出差的明光，聲音哽咽說小黑失蹤了。明光晚上一返家，隨即展開地毯式搜索，攝影郁文和一峯也跟著加入……，最後，還是飛鼠

大赤鼯鼠是非常典型的都市化物種。為了記錄住在台北某公寓天花板的飛鼠家族，團隊架設了五台相機，24 小時全天候近距離觀察牠們。

坐著也能睡！ 巢內空間太小，三隻飛鼠擠在一起，睡覺疊在一起，誰的頭誰的腳誰的尾巴根本分不清楚。

22:35 媽媽走出去透氣張望，寶寶在後面翻滾
22:36 寶寶抓癢 一個人全身畫面清楚 優
22:38 媽媽透氣又回來，把草撥到小黑頭上保暖
23:39:33 媽媽舔寶寶互動 畫面優
23:43:55 寶寶睡覺吸尾巴 畫面優
23:45 準備出門，把很多草蓋在小黑身上，畫面優
23:46 離開寶寶出去
23:47~00:00 在洞口觀望 第一機

1/26 Day132 辨別小黑性別
00:02~04 頭探到窗外看 觀望 第二機
00:05 看一看又回頭 第二機
00:06 媽媽又回來
00:14 媽媽又再度出門
00:15 媽媽走出來 舔欄杆 二機
00:17 舔欄杆 二機
00:20 媽媽飛出去 二機
00:20:30 跳到樹上在飛到另一棵樹 畫面優 第三機
03:54 飛寶飛回來 四機
03:56 飛寶回來
05:40 完全不理弟弟，弟弟在後面牆壁爬來爬去
06:20 媽媽從轉角回家停留 50 秒才走回洞口 二機 畫面清楚
06:20 媽媽回家，飛寶伸懶腰然後讓媽媽進去，臉超清楚，黏著媽媽後面
16:19 小黑在媽媽姐姐身上爬來爬去找奶吃
16:31 媽媽舔寶寶畫面清楚
19:08 起床抓癢
19:11 飛寶出門前尾巴整個舉起來舔乾淨 畫面優
19:14 飛寶出門，看鏡頭 畫面優
20:24 清楚看見小黑的棒棒，清楚辨別性別
1/27 Day133
03:26:09 飛寶回家跳到四樓頂 四機
03:26~29 姐姐回家，小黑有點失望，頭掛在牆上畫面好笑
19:18 飛寶起身離開，在門口徘徊
19:26 飛寶繞一圈又回來，又差點踩到弟弟，媽媽趕快保護小黑 一機五機畫面優

史上最瘋狂的飛鼠筆記，記錄250天，180萬格自動相機影像。每一天，幾點幾分，出現什麼行為變化，全部鉅細靡遺筆記下來。將近一百頁的筆記本寫得密密麻麻，唸書都沒這麼認真。

急救站裡一隻和媽媽走失的飛鼠寶寶，期待你長大！（蕭明利攝影）

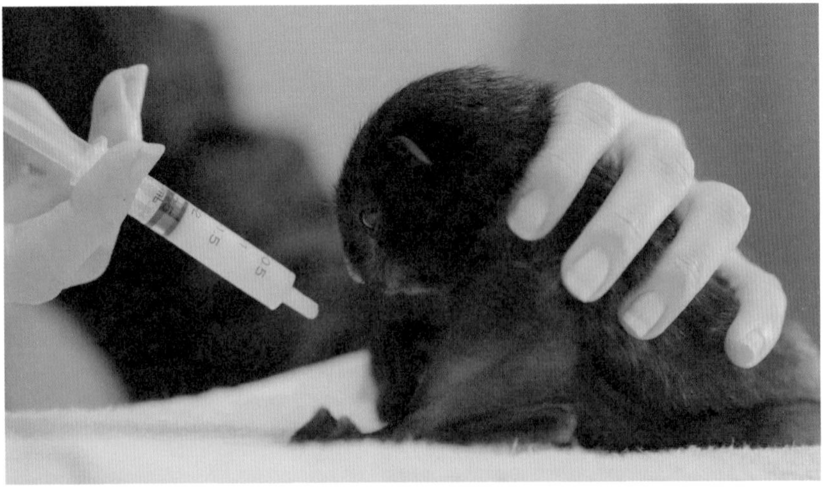

媽媽厲害，自己的孩子自己找。

一整天獨自在外，小黑身體有點虛弱，腳可能受傷了，走路一跛一跛。昏睡兩天，小黑恢復活力再次挑戰飛行，牠爬到欄杆最頂端，站在制高點張望，頗有蝙蝠俠的架式。

•••

離開媽媽的日子不遠了，生存技能一定得練好，再說，巢內空間實在太小，三隻飛鼠擠在一起，睡覺疊在一起，誰的頭誰的腳誰的尾巴根本分不清楚，監看畫面的時候還真有一點密集恐懼。

天氣越來越熱，飛寶常常睡成大字型，就在自動相機第二〇四天的畫面裡，有兩顆球狀物體第一次如此清楚地，從飛寶的腹部出現！就像兩顆震撼蛋，驚天動地炸開意外結局。

4 姊姊是哥哥

這項重大發現，完全改寫過去的野外觀察紀錄，以及動物學家的調查結果。這也是台灣首度觀測到雄性飛鼠，跟著母親同住將近一年，幫忙照顧弟弟妹妹，甚至沒有展現出獨立的意圖。

「那兩顆是我想的那兩顆嗎？」我問團隊，沒人說話卻心裡有數，只是被震撼彈炸得頭還在暈。但是，飛寶怎麼可能是哥哥啦！完全推翻生態學家的預測啊！事關重大，我決定請教「日理萬雞」、「閱雞無數」的特生中心急救站獸醫師，請專家幫忙鑑定性別。

「那是雞雞吧！」獸醫師群圍一圈，反覆檢視我手機上的影片，認真討論起來，甚至翻出對照圖，「也可以看一下生殖器到肛門口的距離。」

「難道你覺得不是雞雞嗎？」獸醫師用字都很直白

「是有像，可是牠的行為很像母的啊！」我掙扎地說，「牠跟媽媽住在一起快一年，還幫忙照顧弟弟，我覺得牠的行為不太像公的，而且公的大概三個月就離家了啊！」

「嗯，很有責任感的哥哥。」「個性比較女性。」「還是牠以為自己是女生？」彙整多方意見，最後證實，飛寶是公的不是母的，是哥哥不是姊姊。

總是在最後一刻，結尾再度改寫，穿山甲的紀錄片是這樣，飛鼠亦然。

這項重大發現，完全改寫過去的野外觀察紀錄，以及動物學家的調查結果。這也是台灣首度觀測到雄性飛鼠，跟著母親同住將近一年，幫忙照顧弟弟妹妹，甚至沒有展現出獨立的意圖。飛寶和小黑，從姊弟檔翻轉為兄弟檔，棲息在人類公寓的飛鼠，發展出和野外族群完全不同的行為模式，或許這也是野生動物適應都市棲地的一種習性改變。寄居在人類屋頂、回家爬鐵窗、出門過馬路，天氣冷的時候，人類的紙屑抹布都能成為保暖巢材，飛寶家族的都市化全然不可思議，進化論竟然就在公寓天花板發生。

•••

二〇二二年四月份，小黑已經四個月大，每一項技能，起飛、降落、翻越、攀爬、覓食均已純熟，按照以往的田野紀錄，牠應該獨立了。但是，小黑似乎也想學哥哥，甘願當個媽寶，沒有搬家的動靜。在大城市生活向來不容易，台北找房子更難，既然老媽沒趕人，兄弟倆也打算住多久算多久，破紀錄組成一個母子檔的家庭。

類八點檔戲劇性的發展，我第一時間也告知林文隆。這段記錄追蹤的漫長過程，文隆熱心幫忙解答疑難雜症，任何看不懂的、存疑的、驚駭的相機影像，我總第一時間詢問他的意見。文隆不嫌煩，幽默回答我所有奇怪的提問，還不斷鼓勵我堅持下去。

「飛寶這個動作，是起飛前測風向嗎？」

「想太多，這單純只是隨手動作。」

「飛鼠媽媽一直叼巢材回家，要生了嗎？」

「應該是要生了，下個月吧！」

「飛寶變性了，我的天啊！」

「有老二不是他的錯！」

「超過三個月了，小黑還不離家。」

「渣男不知道會不會待比較久。」

「小飛都四個月大還在吃奶，真是媽寶。」

「這種紀錄非常威。」

這不僅是台灣第一次，應是全世界第一次，二十四小時近距離記錄飛鼠家族的生活。我由衷希望，這些珍貴罕見的紀錄，能有機會成為台灣生態研究的基礎資料，或者，對於破解這個物種的謎團，能有所助益。

台北公寓的飛鼠家族印證了，只要人類願意共享空間共用資源，野生動物都有潛力在大城市代代繁衍。面對自然環境的崩壞，極端氣候的威脅，越來越多的物種將被迫遷徙到都市，順應都市生態系、建立都市棲地。我們的態度和作為，將決定動物未來的存續。

—彩蛋篇—

最渣兄弟檔

節目播出以後，觀眾非常關心，飛寶一家三鼠，從此過著幸福快樂的日子嗎？

兩個遲遲不肯離家的媽寶兄弟檔，現在還住在同一個屋簷嗎？

是的，兄弟倆還住在家裡，但是巢內三兩天就會上演家庭倫理大戲，家暴場面看得我們動魄驚心。兒子死皮賴臉不走，老媽氣到翻臉，追打追咬兩個不長進的逆子。

場景一，老媽坐在巢裡好生等待，看到兒子進門，立刻起身追打猛咬。

場景二，老媽從屋裡追打到屋外，好膽麥走！兒子嚇得衝飛下樓。

場景三，弟弟小黑先進門，屋內隨即傳來悽慘哀嚎聲，跟在後面的哥哥飛寶，聽見苗頭不對，趕進轉身快逃！說好的兄弟情深呢？

話說二〇二一年暑假出生的飛寶，不出去找房子也不交女朋友，完全沒有獨立成家的打算。弟弟小黑好的不學，學哥哥賴在家啃老。兄弟倆感情可好了，一起出門一起回家，自組單身聯盟。當然，結伴行動最重要原因就是，老媽發飆揍人的時候，兄弟倆好有個照應。

其實媽媽從二〇二二年五月下旬就開始驅趕飛寶，巢內經常傳出飛寶挨揍的嚎叫聲。後來，媽媽的動作越來越大，追咬的機率越來越頻繁，但是飛寶哀歸哀，被老媽打完以後瑟縮在角落，後來乾脆睡在門邊，逃命比較快，反正不搬就是不搬。

兩兄弟開始躲著媽媽，刻意和母親錯開出門返家的時間，偶爾被逮到，免不了一陣打。奇怪的是，都打成這樣還是不肯離開。

趕不走兩個不孝子，媽媽氣到離家出走，經常幾日未歸，後來回巢的次數越來越少，七月八月份甚至只回來幾天，我們一度懷疑，媽媽可能在外面交男朋友，另築新居了，因為七八月份適逢飛鼠的繁殖季，或許娘要嫁人。九月份，太后還是班師回朝，這個夏天，牠未再懷胎。或許哀莫大於心死，飛鼠媽媽最終讓出巢位，十月份再也沒有出現，徹底從自動相機影像消失。

兒子把老媽趕出門成了最終結局。飛寶和小黑占領母親使用十年的巢穴，接收母親建制的地盤。二〇二三年開春，兄弟依舊同住尚未脫單。天冷低溫時，飛寶兄代母職，咬巢材回家鋪床，在鬆鬆暖暖的床鋪，兄弟倆依偎入眠，小黑也會幫飛寶理毛，回報哥哥的疼愛。看來短時間內，牠們都不會離開彼此了。相依為命的關係，到底能維持多久？未來發展，我們仍持續觀察，不曾間斷。

CHAPTER 5

森林精靈：白面鼯鼠

1 也是雪寶

專情向來不是雌鼠的個性，在繁殖季，牠一個晚上會和許多公飛鼠配對，所以孩子的爸爸是誰，還真的不知道。飛鼠果真是大女人的世界啊！打架爭地、建立領域、處處留情、一妻多夫……，母飛鼠展現亞馬遜女戰士的霸氣！

海拔兩千多公尺的大雪山，位處台灣雲霧盛行帶，林相植被豐富多樣。雲霧森林裡住著一群精靈，牠們有張雪白的臉孔、圓亮的眼睛和粉紅色的小鼻頭，沒有翅膀卻能在樹林間飛行。這個白色精靈是白面鼯鼠。

白面鼯鼠是台灣三種飛鼠當中體型最大的，體重大約一・八公斤，身長加尾長可達一公尺，超大翼膜撐開有如一片四方形的雪白毛毯。這個白紅相間的美麗物種主要分布在一千到三千公尺，中高海拔的針闊葉林。台中和平區的大雪山是白面鼯鼠的重要棲地，玉山假沙梨的果實、青楓紅榨槭的新葉嫩芽都是飛鼠喜愛的食物。所以，想拍攝白面鼯鼠，大雪山絕對是最佳地點。

大雪山拍飛鼠？找莊議吧！特生中心強烈推薦。

• • •

莊議是大雪山國家森林遊樂區的資深解說員，原本在特生中心研究魚類，他常笑說自己過去都在「摸魚」，後來轉任大雪山研究飛鼠，又成了「鼠輩」。從摸魚變鼠輩，這是他的莊氏幽默。

十多年的時間，無數失眠的夜晚，莊議觀察記錄飛鼠的生態習性。「這塊岩壁，飛鼠會跑來這裡舔食，因為岩壁的水泥就是礦物石灰，牠們很喜歡舔來吃，這些白白的就是長期舔食的結果，」他指著一塊顏色褪白的邊坡岩壁，「這是飛鼠的OREO，轉一轉，舔一舔……，」莊議的形容詞，尤其生動。

「飛鼠覓食的時候，會用手把葉片抓到嘴邊，慢慢咀嚼的動作真的非常可愛！每天看也不厭倦，而且每天都有不一樣的發現。」如今，莊議已成超級飛鼠專家，清楚了解飛鼠的每個動作，包括預備動作，「牠要跳了」，「牠不會跳了」，「牠又想跳了」，鉅細靡遺地分析，細微到在我看來並無差別。

大赤鼯鼠的紀錄片名為《飛寶》，那，白面鼯鼠呢？片名詢問度奇高。《雪寶》！我脫口而出，因為，大雪山的可愛精靈，不正是《雪寶》嗎？

拍攝《雪寶》的兩年間，我們團隊多次前往大雪山，在不同季節記錄不同景象。我曾在隆冬的夜晚，親眼目睹飛鼠滿天飛的魔幻景象，幾次從我頭頂低空飛掠，我甚至能感覺到風速，髮絲飛揚。但是牠們滑行、追逐的速度實在太快，攝影機很難跟上，「啊！鏡頭沒跟到」，「×○＃@&！又沒拍到，」舉頭仰望快閃而過的影子，想「捕風捉影」都很難。喔，脫口〇〇××的是我，不是攝影。

唉我說，趕什麼呢？原來，深冬是飛鼠戀愛的時節，豈能虛耗良辰吉時！趕赴約會要緊。飛鼠的配對只有短短十幾秒，追求的過程卻很長，雄性飛鼠得耐著性子討佳人歡心。我眼前這隻在森氏櫟上下來回攀爬的公飛鼠，已經耗了好長一段時間，試圖引起母飛鼠的注意，看得我都替牠著急。但是女神沒想搭理，公飛鼠不放棄，繼續打轉賴著不走，希望趁著月光美氣氛佳順利脫單，用誠心打動芳心。

但是，專情向來不是雌鼠的個性，在繁殖季，牠一個晚上會和許多公飛鼠配對，所以孩子的爸爸是誰，還真的不知道。飛鼠果真是大女人的世界啊！打架爭地、建立領域、處處留情、一妻多夫……，母飛鼠展現亞馬遜女戰士的霸氣！

大雪山是飛鼠談情說愛，繁衍定居的好地方，食物充裕，樹洞也多，特別是紅檜，容易產生孔洞。飛鼠屬於次級樹洞使用者，牠們無法自行挖洞，只能使用天然樹洞，或者其他動物挖鑿的洞穴繁殖育幼。有別於大赤鼯鼠利用樹枝樹葉當巢材，白面鼯鼠的品味相當獨特，牠們選用苔蘚鋪在巢穴，既鬆軟又保暖。入住大雪山的生活品質太優渥了！住檜木屋，鋪地毯，就連每天穿越的快速道路，都是充滿靈性的千年紅檜。「樹幹上的樹皮有毛毛的，就是飛鼠長期在這裡活動留下來的痕跡，也可以看到爬行的爪痕，這是千年的高速公路啦！」莊議打趣地說。

這棵紅檜，被封為台灣最俊美的雪山神木，樹齡一千四百年。然而飛鼠存在地球的時間，比神木更早更早。根據最古老化石重建出來的模樣，千萬年前飛鼠的骨骼和體型都比現存飛鼠巨大。科學家剛開始以為挖到的是靈長類的化石，直到看見腕部特化的軟骨，也就是翼手骨，錯不了！這是飛鼠獨一無二

飛鼠是大女人的世界。打架爭地、建立領域、處處留情、一妻多夫……，母飛鼠展現亞馬遜女戰士的霸氣。（黃一峯攝影）

白面鼯鼠有張雪白的臉孔、圓亮的眼睛和粉紅色的小鼻頭，但是幼鼠的長相，卻完全不一樣。

樹上的鋼釘，兩根兩根並排釘在一起，單腳可以踩上去，一階一階像梯子一樣向上延伸。沿著釘梯而上的樹洞住有飛鼠，這是獵人掏巢捕捉飛鼠的貪婪釘梯。

的身分證。飛鼠大約在兩千五百萬年前從樹棲松鼠分化出來，並且發展出比松鼠更長的四肢，好讓牠把翼膜撐開成超大的飛行傘，在樹冠間快速移動，對於長距離的覓食和躲避猛禽蛇類，都比其他松鼠家族更有效率。全世界共有五十二種飛鼠，廣泛分布在亞洲、歐洲和北美洲。棲息在台灣山林的大赤鼯鼠、白面鼯鼠和小鼯鼠都是專屬台灣的特有種，黑夜裡閃爍的大眼睛又被稱為樹上的星星。然而，棲地破壞和獵捕壓力，讓樹上的星星黯淡墜落。

目前台灣的三種飛鼠，均未列入保育類動物的名單。雖然不是保育類動物，飛鼠卻是維持生物多樣的庇護物種，千萬年來在森林生態系扮演重要的角色，有飛鼠的森林，生命更繁盛興旺。

「保育有相關機制啦，交給學術專家評估，他們會針對一個物種的數量、生存壓力、棲地減少等因素，納進保育等級的考量」莊議客觀地說。儘管情感上，他期盼白面鼯鼠能有更多的保護機制，「現在也有人把狩獵行為轉成保育的方式，創造雙贏！」

•••

在大雪山拍攝的夏季，正逢生日，深夜收工後，眼神渙散，脖子也因為久望天空尋找飛鼠，痠到覺得已經不是自己的脖子。攝影助理黑龍忽然拉著我，「心儀姐你趕快過來！」「什麼什麼，哪裡哪裡！」我驚跳起來，跟著黑龍衝到角落，結果……沒有飛鼠，而是一個點上蠟燭的生日蛋糕，從黑暗中端出來，「生日快樂！」原來，攝影們偷偷帶了蛋糕上山，合謀策劃大雪山的「SURPRISE!」

我在大雪山的星空下許願，感恩自己多麼幸運，能和家人般深厚情感的團隊一起共事。許下的生日願望最終沒能實現，但是，那一夜的點點繁星、溫暖燭火，以及夥伴們的笑聲，遠比願望本身，更值得珍藏。

2 一點都不笨的頂笨仔

「這一隻今年有沒有生，生幾隻我都很清楚，這片山林總共有三十個巢穴，哪隻飛鼠住在哪個巢我都曉得！」劉佳縣邊講解邊比劃，二〇〇八年，他決定放下獵槍，並苦勸村民停止狩獵。戲劇性的轉變，來自妻子的嘆息。

莊議口中的「雙贏之地」在哪？

像是尋找傳說的香格里拉，尋它千百度後，我找到一個被笑很笨、其實一點都不笨的聚落，頂笨仔。

坐落在阿里山的半山腰，海拔一千公尺的嘉義竹崎鄉光華村，古名頂笨仔。

九月下旬，紫斑蝶該往南台灣的越冬棲地遷徙，但是村民種植的高士佛澤蘭，讓這群過客依戀不走，在花牆恣肆翩然。

抵達光華村的午后，雷鳴雨急，我佇立陽台，盤算著今夜的飛鼠拍攝，怕是得取消了。忽然傍晚時分，兩道彩虹劃開烏雲，像兩盞強力霓虹燈，煥亮了陰鬱的天空和山谷。我興奮地對著彩虹張開嘴，「看呀！我把彩虹吃進去了！」感謝天主賞賜彩虹糖！多年後憶起，依然甜美。

「出發囉！我們準備去找飛鼠囉！」保育巡守隊員劉佳縣笑聲爽朗，「今天是我在疫情三級警戒之後，第一次入山，大概三個月沒有來這邊看白面鼯鼠了！三個月以來第一次回來，像是來看老朋友！」

• • •

二〇二一年的夏天，我多次致電劉佳縣，計畫赴光華村拍攝，但是當時疫情嚴峻，光華村也對外封閉，不讓外人進村。好不容易盼到微解封，見到劉大哥分外欣喜。

「這是山香圓果實，飛鼠喜歡吃！」劉佳縣開始沿途介紹牠的老朋友們。一隻飛鼠聽見牠的聲音，在樹幹停了下來，與我們對望，距離近到伸手可及。「你看，牠的臉跟腹部是白色的，這麼漂亮這麼可愛！這一隻是來當模特兒的，靠得這麼近，就算近視眼也可以看到啦！如果我還在打獵的話，這隻早就掛掉囉，怎麼可能還停在那邊，只要牠停頓在定點上，三秒內就掛掉了，用石頭丟也丟得到，距離這麼近。」雖然半開玩笑，但是劉佳縣所言，並非玩笑話。家裡世代都是獵人，過去，他也經常入山打飛鼠。

「以前這個時間是在獵飛鼠，現在是在看飛鼠，好大的轉變！」極具反差讓我驚嘆。

「以前還做調查，這一隻今年有沒有生，生幾隻都很清楚，這片山林總共有三十個巢穴，哪隻飛鼠住在哪個巢我都曉得！這邊一個，側邊一個，上面一個，這棵也有一個。」劉佳縣邊講解邊比劃，我相信，如果他還繼續狩獵，樹林裡的飛鼠，絕對逃不過他的鷹眼。但是，二〇〇八年，他決定放下獵槍，並且苦勸村民停止狩獵。戲劇性的轉變，來自妻子的嘆息。

「看到飛鼠被打下來很不忍心，看起來很可憐啊，就勸他不要再打了！」劉太太許秀蓁說，當時，丈夫打下來帶回家的飛鼠，她得負責料理，做三杯做下酒菜，一邊煮一邊唸阿彌陀佛阿彌陀佛。看到一群獵人享用飛鼠宵夜，「那麼可愛還打下來，真的很殘忍。」

「起初有一點聽不下去啦，每次出門她就碎碎念，唸到後來乾脆聽她的，不打獵了！聽老婆的話，大富貴嘛！我老婆說，白面鼯鼠把牠打下來之後，一餐吃完三天就變肥料了，不如留在樹林給子孫去看啦，五年十年還會在那邊。我老婆講得很有道理，後來，保育這條路就走上來了。」劉佳縣選擇聽老婆的話，但是那一年，沒人把他的話當真。

「剛開始跟大家說不要打獵，他們聽你的嗎？」我很好奇。

「剛開始誰鳥你！他們怒嗆，飛鼠又不是你養的，敢給我這樣講！」被嗆聲嗆了好幾年，劉佳縣誓死不退，不改其志。

「以前我設路障搭帳篷，晚上睡這裡，顧著山林，不讓人家進來打獵。」

「哇！你這麼堅持！」

「我老婆甚至懷疑，你養小老婆在那邊嗎？為什麼每天晚上都跑到外面睡覺？」

「搭帳篷睡在那多久？」

「好幾個月吧！因為原住民都會過來偷獵，我搭帳篷在這，他不敢給我壓過去。」

「你這麼有自信喔?!」

「有一次我被槍抵著頭，對方威脅說，你再講我就對你開槍！我說，我寧願死在這，拜託你不要打白面鼯鼠啦！」

「槍對著你的腦袋，你都不會害怕嗎？」

「不會啦，獵人以前我當過，我知道獵人的心態習性，他不敢真的打我啦！嚇一嚇而已，後來，他每次都碰到我，碰到最後他也說不好意思，不打獵就不打獵了。」

異於常人的執著和勇氣，委實讓人折服。

「山羌在叫了！」劉佳縣豎起耳朵，聆聽遠方的呼叫。我總覺得山羌「啊」的叫聲，怎麼聽都像被踩到腳而發出的慘叫。

「只要環境維護好，動物都會回來的。現在這座原始森林山羌山羊很多，以前沒有山羊，現在都回來了，野生動物都回歸了。動物和人類一樣，哪邊安全就往哪邊躲。來我們這邊最安全，沒有人會獵殺牠們。」

• • •

劉佳縣四處奔走勸說，三年後，保護飛鼠終於成為全村的共識。村民組成保育巡守隊，排班巡邏，甚至改採友善土地的方式無毒耕作，讓環境更適合與飛鼠共生。

「以前村裡的山豬和鹿很多，後來都被打光了，我們老一輩都在打獵，農暇時間就帶著獵槍，四處去找有什麼可以加菜的，而且，看到動物沒打下來很難過啊！但是現在沒有了、全改了，生態也越來越豐富，劉佳縣是大功臣！」

村民的態度從全力反對轉換為全力支持，光華聚落漸漸發展成「五星」聚落。所謂的五星，包括天上的星星、樹上的星星白面鼯鼠，以及水上的星星，也就是銀鱗閃閃發亮的高山鯝魚，還有螢火蟲和螢光蕈——一朵一朵發出綠光的小菇，宛如卡通裡小精靈的家，可愛極了。

光華村舊稱頂笨仔，兩百年前，村落只是荒山野林，地勢陡峭不利耕作，先民多半不願意前往開墾，當時只有三戶劉姓人家冒險入山，就被大家嘲笑「頂笨」。

頂笨頂笨喊了百年，歷史證明，頂笨仔人一點都不笨，早年開拓荒土狩獵農耕，如今山村富饒之後，村民選擇與動物和解，與大自然和好。共好才能永續共榮。

這是頂笨仔的大智慧。

3 通往貪婪的釘梯

沿著釘梯而上的樹洞，裡頭究竟藏有什麼東西？讓獵人甘願冒著風險行事？一隻飛鼠突然從樹洞探出小腦袋瓜，好奇打量四周，牠是大赤鼯鼠。原來，洞裡有飛鼠！凡有飛鼠棲息的樹木，幾乎都被釘上釘梯。

從獵殺到保育，阿里山的小聚落翻轉為動物的庇護所，但是一百公里外的台南西拉雅山林，卻被釘滿貪婪的傷痕。生態紀錄片導演萬俊明，長年在家鄉西拉雅山林拍攝記錄草鴞和大冠鷲。我們相約在新化林場，這片林場曾經是西拉雅族的天然獵場，野生動物資源相當豐富。幾年前，萬俊明注意到林場的樹木竟然長出長長的鋼釘。鋼釘是兩根兩根並排釘在一起，單腳可以踩上去，一階一階像梯子一樣向上延伸。

「各釘兩根就夠了，獵人可以踩著爬上去，這就是釘梯。」萬導示範如何攀爬釘梯，一手抓著一腳踏著，爬往樹洞口。釘子必須釘得夠深夠牢，才能負載一個成年男子的重量，倘若手沒扶好腳沒踩穩，落空摔落勢必重傷。

沿著釘梯而上的樹洞，裡頭究竟藏有什麼東西？讓獵人甘願冒著風險行事？

一隻飛鼠，突然從樹洞探出小腦袋瓜，好奇打量四周，牠是大赤鼯鼠。原來，洞裡有飛鼠！萬俊明發現，凡有飛鼠棲息的樹木，幾乎都被釘上釘梯。一棵樹插滿釘子，像是被處以殘暴的釘刑，放眼所及，整片山林長滿釘梯樹。我不寒而慄，腦中閃現恐怖的釘槍，一雙貪婪大手舉起釘槍，在森林瘋狂打射。

「抓飛鼠做什麼?!」

「賣吧！飛鼠在寵物平台仍有市場，還是有人持續交易買賣，而且沒有法源禁止飼養。」

「但是獵捕或騷擾野生動物，就是觸法啊！」

「其實很難取締，他也可以辯稱是撿來的。除非是現行犯，獵人剛好在抓飛鼠，警察也剛好在現場，才構成現行犯的條件。」

我一時語塞。人們以為把可愛的心愛的小動物抱在懷裡寵著，就是愛，卻常忽略動物的來源來歷，以及到底適不適合圈養，或者，即使知道了也當作不知道。占有和真愛的界線向來模糊，對人、對動物皆然。

這時，萬俊明從背包拿出鐵槌，對著鋼釘猛力敲打，叩叩叩的巨響像警鐘，「我只要看到釘子，就會立刻把它敲彎。釘梯敲壞了，獵人就爬不上去了，除非，他又再釘新的。」

令人沮喪的是，這個「除非」不是假設，而是現實。鋼釘敲彎了敲掉了，不多久又會冒出新的，釘梯似乎怎麼拆都拆不完。一棵樹，去年打彎的舊釘和今年打進的新釘整齊並排，「這一棵應該也活不久了。」萬俊民撫摸著百孔千瘡的老樹，慨然告別。

「萬導，你這麼做，有用嗎？」看到春風吹又生的鋼釘，無力感油然而生。

「不知道，反正做就對了！」他黝黑的臉龐勉強堆起笑容，手裡還握著「尊重野生動物勿獵捕」的手作宣導標語，預備放置在林場步道周邊。新化林場的登山客為數不少，不肖獵人明目張膽架設釘梯，顯然也沒在顧慮。

「你沒有表態，他們會誤認為這種行徑是被允許的，你採取行動回應，他們至少知道不能太囂張。所以，我們能做多少算多少！」

• • •

其實，掏巢捕捉飛鼠的惡劣行徑，不只出現在南部的西拉雅山林，中部的淺山丘陵也沒少過。臺中市野生動物保育學會的研究組長林文隆分析，飛鼠在網路上的售價相當高，因為有不少寵物飼主喜歡養小飛鼠，有商機就有傷害。「每一季，哪個樹洞住有小飛鼠，有心人會逐一標註做記號，定期掏巢。把大赤鼯鼠從巢裡掏出來，一隻可以賣到五、六千塊，白面鼯鼠就更貴了。我們建議民眾，不要飼養野生動物，雖然你覺得牠很可愛，牠卻可能存在未知的疫病。所謂野生動物就應該在野外。」讓野生動物留在野外的棲地吧！林文隆語重心長地呼籲，如果喜愛飛鼠，與其圈養在家裡，不如走到野外，欣賞牠們在林間自在滑行的模樣。

雖然無法像萬俊明導演一樣定期巡山拆釘，我能做的，是透過節目讓觀眾深刻明瞭，森林的釘梯，通往的，是人類無止盡的的慾念。樹木和動物，都不該這樣被對待。

CHAPTER 6

海洋精靈‧白海豚‧鯨豚

1 翻滾吧！小白

風機撞擊式打樁的噪音，「咚、咚、咚」的巨大聲響魔音傳腦，我幾乎想奪門逃離，但是白海豚無處可逃啊！一旦聽力受損，利用回聲定位和獵食的海豚幾乎無法生存，等同宣判死刑。

台灣的白海豚是中華白海豚的亞種，只生活在台灣西部、水深少於二十公尺的近岸淺水海域。這個指標性的台灣特有亞種，遲至二〇〇二年，才首度在海上調查中被目擊，並且正式確認台灣有白海豚族群的存在。

這輩子能有機會拍到白海豚嗎？

在台灣西岸僅存五十隻，極度瀕危的白海豚族群，數量還在持續減少。現在不拍，未來可能拍不到了。

每每湧現「很想拍」的念想，天主就會派來小天使相助，這次出現的，還是美人魚。二〇二〇年三月的一個午后，《海洋台灣：大藍國土紀實》的作者黃佳琳（小莫）忽然在我的臉書留下訊息。小莫說看到我發文「流淚長頸鹿」的故事，很是感傷，接著她說，未來幾年受疫情影響，我的國外拍攝可能將被迫暫停，她建議我記錄台灣的海洋生態，例如白海豚。「白海豚和石虎一樣瀕危啊，只是畫面太少，曝光太低，一般大眾比較沒感覺。」小莫鼓勵我延伸她書中白海豚的議題，她說連續三次出海都沒機會見到白海豚「本人」，期許我接續她的未竟之志。

只是，到哪拍呢？五十隻，真有大海撈針的茫然。

「你可以報名參加海保署的白海豚調查計畫！」果真是上天派來的天使美人

魚。

我立刻向海保署申請參與「台灣西部海域白海豚族群生態監測計畫」，希望能搭乘調查船出海。五個月後，我們跟著調查員，清晨從新竹南寮漁港上船，預計行駛到台中港之後，再往回走，整段航程是十二小時。

• • •

八月的炎天溽暑無需贅言，船艙雖有遮蔽，但是船長菸不離手，柴油味混雜著菸味，熏得我頭發暈；再加上船速緩慢，我和兩個攝影都不會暈船，海上漂流卻極度難耐，我們甚至想在台中港「跳船」上岸。還好，痛苦是值得的，這一趟，我們拍到兩群白海豚。

當船隻行駛到苗栗後龍溪口，水深九．四公尺之處，一群海洋精靈突然朝我們靠近，估算約有四到五隻。像是頑皮淘氣的孩子，白海豚在船邊繞圈嬉戲，出水的姿態很像翻滾，動作輕盈靈巧，越翻越快，而且越翻越近，近到我能清楚看見牠的背鰭和體色，有白有粉還有淡紫。白海豚的體色和斑點隨年齡改變，從嬰兒時期的灰色，少年時期的淡灰色，慢慢轉為壯年時期的白色，最後是老年時期的粉紅色，並且帶有灰黑色斑點。

觀察員興奮大喊，距離三十公尺！超狂的！哇嗚！我的內心也隨著白海豚翻滾的節奏，澎湃激動。謝謝你們，願意與我相遇。

「今天運氣真不錯！先前幾趟十二個小時的船程完全摃龜！今日豚況滿好的，後龍溪口算是目擊率偏高的區域，尤其在夏秋季。」觀察員林浩平驚呼我運氣太好。這趟出海，確實是奇幻漂流的奇幻相遇。半年後，我製作主持的另一個節目《台灣一〇〇一個故事》，竟然意外採訪到林浩平的父親。當時我透過谷哥搜尋製作平安龜的餅店，計畫記錄元宵節的乞龜活動，沒想到網海茫茫，最後我找到彰化和美鎮的林家葦老闆。林老闆利用沙其馬堆疊成平安龜極具創意。拍攝當天，他突然告訴我，我的兒子林浩平是生態觀察員，去年八月和你一起出海調查白海豚。天啊！我當場起雞皮疙瘩，世上竟有如此玄妙的緣分！老闆說，當他告知家人我即將到訪，浩平說，白心儀就是去年和我們出海追蹤白海豚的製作人啊！

「我早有預感你會來。」林爸爸語帶神秘。

• • •

原本以為拍到一群白海豚已是奇蹟，我正打算傳訊息向小莫炫耀，回航途中行經苗栗中港溪口，第二群白海豚出現了！癱坐甲板的我們三人驚跳起來，攝影慌忙舉起大砲鏡頭，三到四隻白海豚接力翻滾，我拍了拍臉，不是夢吧？

或許，這將是唯一一次，也是最後一次遇見海洋精靈了。

二〇二〇年，為期七個月的海上監測調查，總共才目擊三十二隻白海豚，比前一年的四十七隻還少。二〇二一年更少，二十九隻。個體數年年下降，距離滅絕只差一步。

二〇二三年一月，一頭未成年的白海豚，擱淺在台南安平漁港。

「這些年，你是怎麼活下來的?!」看到小白海豚慘死的模樣，獸醫師倒抽一口氣。牠的嘴喙和尾端深深凹陷，那是長年被異物勒住，勒到變形的痕跡。專家研判，應該是被廢棄漁繩或漁網勒的，而且是在發育生長之前就被勒住。想像一下，從幼年開始，嘴巴就被繩子勒住，不要說捕食，進食都很困難。但奇蹟似的，小白海豚竟然存活下來，靠的是親朋好友輪流餵養相互支援。雖然從小營養失衡，牠也勉強撐過去，身體虛弱游泳困難的時候，同伴幫牠用力頂上去，身上滿布的齒痕，就是同伴用嘴協助牠上浮換氣的證據。可惜，小白海豚遭到不知名鈍器撞傷，嗆水呼吸道感染，最後還是擱淺死亡。

海豚家族是這麼努力想保住牠啊！對不起，沒能讓你平安長大。看著那未瞑目的死狀，身為人類的我萬分愧疚。

這不是第一頭被漁繩漁網勒住的白海豚。事實上，在台灣的海域，八成的白海豚身上都有纏繞的痕跡。台灣白海豚的數量只剩下五十隻，體態完好的，竟然沒剩幾隻。

「八成！當我知道這個數字也是非常非常的驚訝。台灣只有五、六十隻白海豚，竟然超過八成有異物的纏繞傷口，六成以上還有皮膚病。我們的白海豚不但隻數少，牠們還活在一個極度危險的環境。」台大獸醫系教授楊瑋誠無限感慨。根據統計，半數的小白海豚，活不過一歲。

「十多年前，學者預估台灣的白海豚大概在一百隻上下，慢慢地，數量從每年大概五隻五隻開始一直往下掉。白海豚日漸減少的原因，從西海岸的環境污染、魚類資源的減少、漁網的纏繞，到螺旋槳的擊傷，可能都有關連。」

• • •

棲地劣化、海洋污染、食源減少、漁業混獲、海上活動和水下噪音，都是台灣白豚族群的致命威脅。楊瑋誠長年觀察白海豚，試圖找出人類與鯨豚，保育與開發共存的方式，希望將人為活動的傷害破壞降到最低。

「一些風場距離鯨豚保護區很近，如何讓工程單位在打樁的過程當中，聲音變得比較小，我們也提出了一些門檻。打樁的音量不應該造成牠的生理緊迫，緊迫的話，免疫力就會下降，甚至出現行為改變。」根據楊教授的調查，離岸風機打樁位置的噪音，擴散到白海豚棲地分界的時候，水下噪音聲曝值（SEL）必須在安全數值一百三十八分貝以內，才能減低白海豚的聽力損傷。一旦聽力受損，利用回聲定位和獵食的海豚幾乎無法生存，等同宣判死刑。

我記得一次參加中華鯨豚協會策劃的展覽，現場模擬風機撞擊式打樁的噪音，「咚、咚、咚」的巨大聲響魔音傳腦，我幾乎想奪門逃離，但是，白海豚無處可逃啊！

而展場內的白海豚標本，有的胸椎被船隻撞出裂痕，有的因為咬到漁網，整串牙齒都被扯掉了。一副一副的鯨骨，殘酷又清楚地還原了死亡真相。

我們何其有幸，與海洋精靈共同生活在這座島嶼。但是，牠們與我們共生，卻何其不幸。

2 生死相許的瓜頭鯨

大瓜小瓜在救援池裡，一左一右被志工用毛巾保定著。牠們不時關切彼此的狀況，一旦察覺異狀，就會開始焦慮。小瓜比較容易緊張，大瓜不停發出細細的聲音，像是安慰鼓勵：「撐著點啊！」「有我在呢！」「一起回家吧！」

陸域面積不到全球萬分之三的台灣，擁有十分之一的海洋生物，是藍色星球的生態寶庫。溫暖的黑潮為台灣帶來豐碩魚源，地球上三分之一以上的鯨豚物種曾經出現在台灣的海域，全球近九十種鯨豚當中，台灣共有三十三種鯨豚紀錄，許多國外科學家一輩子沒見過的鯨豚都「鯨」過台灣！

但是在這座海的樂園，平均每三天就有一頭鯨豚擱淺。超過半數無法判斷死因。

「關於鯨豚，其實你問我十件事情，我九件事情不知道，所以我可以花一輩子來回答這個問題。」楊瑋誠教授這番話，坦白又真摯，我真心相信，他願意用一輩子的時間，解開鯨豚未解的謎。

「女兒問我，爸爸你是醫生嗎？」

「我說，對啊，是醫生。」

「那為什麼別人的同學爸爸也是醫生，他們家很有錢？」

「喔……」

這是瑋誠老師和念幼稚園的女兒的對話。

孩子的話很直接也很真實，因為，真心做保育和研究，怎會有錢？

當初選擇鯨豚這種冷門科系，瑋誠其實心裡有數。我問他，如果有學生對鯨豚研究有熱誠有興趣，他會怎麼建議？「我會先問他有沒有貸款壓力或者需要拿錢回家。」

•••

台灣對鯨豚的研究起步比較晚，一九九〇年後，鯨豚才被列為保育類動物，而現階段的保育工作，依然著重在擱淺個體的救援野放。這三年，我們團隊拍攝過小虎鯨、偽虎鯨、瓜頭鯨、小抹香鯨、糙齒海豚等多種鯨豚的救援行動。其中最讓我感傷的，是二〇二〇年深秋在新北市林口沙灘發現的兩頭瓜頭鯨，大瓜和小瓜。瓜瓜們一起被送到苗栗崎頂的救援池，初次來到陌生環境，大瓜和小瓜相當不安，不斷發出聲音交談對話，似乎在詢問對方，「我們還回得了家嗎？」

生活在深水海域的瓜頭鯨鮮少近岸。深海物種為什麼誤入淺海的台灣海峽呢？

楊瑋誠教授帶著獸醫師和志工，試圖找出治療瓜瓜的辦法。

「這兩頭都是成年的雄性瓜頭鯨，被發現的時候相距不遠，應該算是集體擱淺。在台灣，瓜頭鯨擱淺事件不多，活體擱淺更少見，我們目前不知道其他鯨豚的醫療方法是否適合牠們，只能盡力了。」於是，超音波、抽胃液、灌奶粉……，加油啊瓜瓜，眾人熱切期盼著。

大瓜小瓜在救援池裡，一左一右被志工用毛巾保定（救援過程對動物做適當的固定及保護行為）著。牠們不時關切彼此的狀況，一旦察覺異狀，或者一方離開了視線範圍，就會開始焦慮。小瓜比較容易緊張，大瓜不停發出細細的聲音，像是安慰鼓勵：「撐著點啊！」「有我在呢！」「一起回家吧！」

這是我第一次聽見瓜頭鯨的聲音。不是鬚鯨、齒鯨的深沉，也不似海豚的尖銳，而是細膩的、溫柔的，迴盪在池底和心底。鯨豚之間的深刻情感，透過聲音，在水下傳遞著。

經過四天的奮戰，小瓜沒能撐過去，先走了一步。同伴不見了，大瓜急得到處尋找，幾個小時候，似乎是生無可戀，牠閉氣不肯呼吸，也跟著走了。同伴死亡太過悲傷，怎麼也不願獨活！「牠就是抬頭、弓身、憋氣、顫抖，我不管怎麼做都沒用，牠就是不呼吸。很難過救不回牠，只能想著，解脫也好。」鯨豚救援專家郭祥廈神情凝重，兩頭瓜頭鯨，一前一後從他的手中逝去。那句「解脫也好」，迴盪在淨空的救援池，分外淒清。地板堆滿一包一包的黑色塑膠袋，裡頭裝著解剖採樣後剩下的殘肉。

瓜頭鯨的故事結束了，我的心痛難捨卻沒有停止。有一個六歲的小小觀眾，看到大瓜和小瓜相繼死亡，哭得傷心，她特別畫了帶著微笑的大瓜小瓜，希望瓜瓜們在大海的家團聚，一起快樂的遊玩游水，誰都沒有離開誰，誰都沒有落下誰。或許，這是最好的結局了。

大瓜小瓜離開的一個星期後，我隨成大鯨豚研究中心主任王浩文教授，頂著狂浪前往蘭嶼，挖掘深埋地底的抹香鯨幼體骨骸。

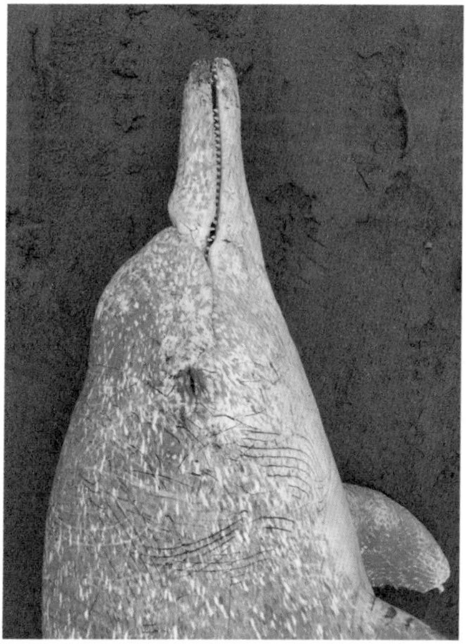

小白海豚的嘴喙深深凹陷，那是長年被廢棄漁繩或漁網勒住，勒到變形的痕跡。從幼年開始，嘴巴就被繩子勒住，不要說捕食，進食都很困難。（王浩文攝影）

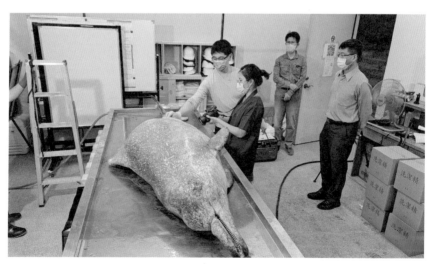

台大獸醫系教授楊瑋誠準備解剖白海豚。棲地劣化、海洋污染、食源減少、漁業混獲、海上活動和水下噪音，都是台灣白豚族群的致命威脅。（王浩文攝影）

救援現場接力澆水保濕。兩隻擱淺在八里沙灘的糙齒海豚，眼神絕望無助，其中一隻還是懷孕的海豚媽媽。海豚不停呼喚同伴，似乎急著確定，你還好嗎？（蕭明利攝影）

十月底前往蘭嶼的船班，劇烈搖晃得像大怒神。甲板上，連站都站不穩，大浪打來更是無處可躲。（王浩文提供）

四草鯨豚救援站的白色帳篷，拍起來如此唯美，事實上，這是一個和死神拔河的戰場。救援池裡，是一頭一頭在生死間掙扎的鯨豚，少數幸運返回大海，多數沒能撐到野放的那一天。

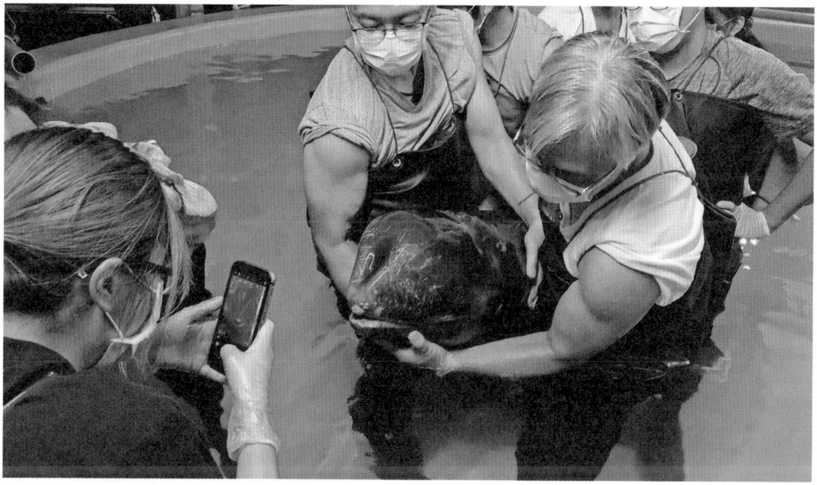

王浩文教授是成大鯨豚中心主任。第一次見到王老師，他穿著青蛙裝站在救援池，雙手抱住小虎鯨的頭保定，衣袖捲到肩膀，露出結實健壯的肌肉，浩文一秒變身浩克。（王浩文提供）

有一種朋友，會不斷逼你去做遲遲未完成的事，而且永不放棄。黃一峯（圖左）就是這種朋友。拍攝團隊就在他的不斷鞭策之下，乖乖去小琉球考潛水證照。

拍攝製作生態紀錄片這一條路，孤獨卻不寂寞。路上總能遇見志同道合的戰友，以及美好壯麗的風景。

2 孤墳裡的抹香鯨寶寶

因為責任，所以頂著秋冬大浪搭大怒神到蘭嶼把骨骸挖出來帶回台灣研究，因為責任，所以拚命想找出鯨豚擱淺的原因；因為責任，所以努力修補人類和動物的關係、和地球的關係。

那趟十月底的船班，驚恐的像大怒神。

最初計畫搭飛機，但是受到東北季風的影響，我們在機場苦候一整天，全天班次全部取消，第二天早上首班機又取消，我們趕緊拎著行李器材往富岡碼頭狂奔。三小時的波翻浪湧，攝影郁文已經暈躺在座椅上，我和另一個攝影孟唐，雖不暈船，但是胃跟著浪上下翻攪，沒吐也感覺噁心。我們逃到甲板，搖晃中試圖拍些畫面，一陣浪迎面撲來，冰冷的海水，潑得我全身濕涼。

近中午抵達蘭嶼，才剛登島，雙腳彷彿還站在搖滾區，攝影器材拿出來準備開拍，船家緊急致電通知：「白小姐，妳下午沒搭船回來的話，可能三天內都沒船喔，風浪太大也不會有飛機，你考慮一下喔。」什麼！關島三天當然不行，公司還有好多事，還要錄影《台灣一〇〇一個故事》，只能拚了，兩個小時的時間，能拍多少算多少。

我們來到一座芒草裡的孤墳，一公尺下埋的是一隻剛出生的抹香鯨寶寶。小鯨魚擱淺在蘭嶼的礁岩，再也回不去媽媽身邊，來不及長好的脊椎骨散落一地。

「牠還是Baby，牙齒都還沒長出來，」浩文老師拿著鏟子，挖出來的僅剩骨骸，皮和尾鰭都沒了，「好遺憾，本來想找出一些線索。」

為了趕船班，我開車在蘭嶼海岸公路一路狂飆，衝到碼頭只差幾分鐘開船，然後，再晃三個小時回台東。

「浩克，為什麼堅持要挖牠？」我都稱浩文為浩克。我們年齡相仿，對他我總是沒大沒小。而浩文變身浩克，是因為他經常下救援池抱住鯨豚復健，練出結實的二頭肌。專程到外島挖墳，對於一年有三分之一的時間，泡在救援池為鯨豚的生死奮戰的他來說，時間成本實在太高。

「責任吧！不想牠留在那裡。」浩文淡淡地說。因為責任，所以頂著秋冬大浪搭大怒神到蘭嶼把骨骸挖出來帶回台灣研究，因為責任，所以拚命想找出鯨豚擱淺的原因；因為責任，所以努力修補人類和動物的關係、和地球的關係。

•••

那一段在海陸之間瘋狂奔跑拍攝的時期，除了挖墳，另一個驚悚的參與，叫做「煮大骨湯」。鯨豚骨骸製成標本之前，必須把沾黏腐肉的骨頭，用八十度的熱水，一遍又一遍的煮，煮到骨肉分離，徹底去除油脂。掌爐的，是被尊稱為台灣鯨豚之父的成大教授王建平，王浩文就是他教出來的得意門生。

眼前的煮骨機台上，放置的是三歲的藍鯨幼體。「這個是藍鯨的骨頭，我們現在看到的有兩個類型，一個是脊椎骨，一個是肋骨，我們要分開來一鍋一鍋的煮，把上面的肉去掉，此外，骨髓有很多的油脂，這些油脂還要再用藥品除掉。」

王教授每次一開爐，就有學生和志工躲在牆角邊吐，因為濃重的腐肉味道，「跟市面上的很不一樣。」許多人來過一次就不敢來了，願意留下來的志工多半是資深的叔叔伯伯。煮骨的過程中，攝影郁文不小心鞋底沾黏一塊腐肉，「特殊」的氣味存在鼻腔，夜半都會「鯨嚇」、「鯨醒」。

這頭大年初一擱淺在台東長濱海灘的小藍鯨，體內的緊迫荷爾蒙指數顯示牠死前極度痛苦，藍鯨的嘴巴被廢棄漁具纏繞根本無法進食。漁繩勒的那麼緊，緊到牠的頭骨碎裂，此外，全身瘦到幾乎沒有脂肪只剩皮囊，內臟全化掉了，因為牠已經三、四個月沒有進食。體長三十公尺，重達兩百噸的藍鯨，是地球有史以來存在過最大的動物。這是台灣近百年第一次出現藍鯨，沒想到，海底巨獸卻被一條漁繩殘忍謀殺。

「人類應該放下傲慢，如果認為鯨豚消失也無所謂，那麼，人類可以消失嗎？」楊瑋誠教授曾這樣直言。

鯨豚面臨的生存危機，不缺解決方案，真正缺乏的，是共識和決心。謀殺海洋精靈的，是人類；能挽救的，也是人類。台灣四面環海，我們是海洋的子民，台灣更是世界鯨豚的中心。了解鯨豚，了解海洋，也是了解我們自己。

—彩蛋篇—

浩克小王

台灣鯨豚界有老王和小王。

老王小王都是成大生命科學系的教授。「老王」是王建平教授，被尊稱為台灣的鯨豚之父，「小王」是王浩文教授、成大鯨豚中心主任，也是老王的嫡系學生和指定接班人。兩個王教授出現在同一個校園，同一個救援池，學生和志工為了方便區分，才出現老王小王的別名。

幾年前，我前往台南四草的鯨豚救援站，拍攝擱淺迷航的小虎鯨。走進帳篷搭建的救援池，我拉住一個志工：

「請問，王老師在嗎？」

「老王還小王？」對方反問。

那時我才知道，原來有老王小王之分。

初見小王，他穿著青蛙裝站在救援池，雙手抱住小虎鯨的頭保定，防止牠醫療過程亂動，衣袖捲到肩膀，露出結實健壯的肌肉。從此，我就尊稱小王為浩克，因為下了水，浩文一秒變身浩克。

浩克保送到成大生物系的一九九〇年，也是鯨豚列入台灣保育類野生動物的那一年。有一年端午節連假，台南出現擱淺死亡的瓶鼻海豚，他至今記得，老王老師，也就是他的導師，把海豚綁在車頂載回校園。那是他第一次參與鯨豚的解剖，並且負責計算海豚有幾顆牙齒。

「當時你就愛上鯨豚了嗎？」

「沒有，畢業以後我就去台大念植物學研究所了。」啊！一點都不浪漫。

研究所讀完，小王遠赴德國慕尼黑大學生化所攻讀博士，研究「基因剔除小鼠」。「你怎麼動物又植物又動物的念，跟我一樣動物又食物又動物的拍嗎？」

「都有關聯啊！」他說。

總之，不管動物還是植物，小王的命運，終將和鯨豚連結在一起。

二〇〇九年王浩文回到母校成大任教，像是安排好了一樣，那一年，成大成立「海洋生物及鯨豚研究中心」，第一屆中心主任，就是他的導師王建平。二〇一六年老王老師屆齡退休，指定學生小王承接重責大任，也開啟在校園、救援現場、救援池之間來回奔波的無止盡輪迴。南台灣和東台灣的鯨豚擱淺，小王幾乎沒有一件缺席。除了衝最前線、泡救援池，還得抽身到外島挖墳。

「不能找別人嗎？」我忍不住問。

「答應了就要回來。」他說，已經承諾公所人員會前來處理。

所以，明明說好八月出發，卻因事情太多一延再延，然後九月，十月，眼看十一月快到了。

「浩克，快要沒船班了啦！」我每隔一段時間就提醒他恐嚇他。

「對吼，要趕快出發了！」然後跳進救援池又忘了。最後拖到十月底，飛機也飛不了，船也幾乎開不了，只能搭大怒神快閃蘭嶼，把抹香鯨骨骸挖出來帶回台灣研究。

後來，每次他提議「走，再去蘭嶼！」「走，去綠島！」我都很害怕，因為他真的很會拖，挑的時間都是沒飛機沒好天的時候。

其實，身體的勞累都不算苦，真正苦的是要找錢、籌錢維持救援工作的運作，因為預算往往少到懷疑是不是少寫兩個零。頂著留德博士的學歷和資歷，小王大可留在德國的實驗室工作，待遇肯定比現在優渥。沒選擇經營事業，他偏投入一個冷門又熱血的志業，「鯨豚救援是一場接力賽，我接了這一棒就要好好跑，並且培養跑下一棒的人。」

「還好家裡賺錢的是老婆。」王浩文教授的夫人是知名婦產科醫生，兩人在成大的合唱團相識，從此幸福唱和，太太全力支持先生的理想，浩文才能變身為浩克小王，大手接住受傷的鯨豚，且無後顧之憂。

後記

「你準備做到幾歲？」距離五字頭越來越近，這個問題越來越常被提起。

其實我沒有時間表，也從未認真思索答案，因為，地球太大了，要拍的物種太多了，而生命，又太短了。最重要的是，就算五十，我外表體力像三十，心態熱情像二十，好奇探索像十，何言退休？

每一次到校園演講，小朋友會提出很多看法。

「妳有想過放棄嗎？」這是最多人問的問題。

「沒有，我從沒想過要放棄。」

「妳是否被嘲笑過？」

「是，我被嘲笑過，被羞辱過，被黑函惡整過。」

「那為什麼要這麼拚？說不定節目沒有人看！」ＯＵＣＨ！小小人兒好直接。

「只要有一個人看，只要改變一個人的看法和做法，我就會繼續拚。」

「前進的動力是什麼？」

「你們和生態教育。」

「如果台灣黑熊和石虎同時命危，妳只能救一隻，你會選誰？」完全是老媽和老婆同時落水要救誰的概念。

「我會盡力救兩隻。」

「如果有復活的能力，妳會想復活哪種絕種動物？」

「我爸爸。我多渴求我爸爸能復活。」

「拍過全世界這麼多動物，最喜歡哪一種？」

「我老公，我老公也是我研究觀察最久的動物，直到現在仍有新發現。」

其實，最初拍攝《地球的孤兒》，我從沒想過，這個冷門的、可能大人都不愛看的自然生態節目，竟然會讓小朋友這麼喜愛這麼投入。特別是《台灣的精靈》系列，幾乎走進了每個家庭每座校園，小朋友瘋狂愛著阿草、小暨和飛寶。現在我把阿草、小暨、飛寶的故事詳盡寫下來，希望能在更多孩子、更多讀者的心中，播下美好的種子，並且號召更多保護動物與環境的觀念和行動。

這是為你們寫的書。謝謝你們愛我，我也好愛你們。

人與土地 045

擁抱，台灣的精靈——

草鴞・穿山甲・黃喉貂・大赤鼯鼠・白面鼯鼠・白海豚・鯨豚追蹤全紀錄

作者　白心儀｜**照片攝影**　曾翌碩、孫敬閔、劉人豪、印莉敏、王浩文、黃一峯、蕭明利、特生中心｜**策劃暨編輯**　有方文化｜**總編輯**　余宜芳｜**主編**　李宜芬｜**編輯協力**　謝翠鈺｜**企劃**　陳玟利｜**插畫 & 視覺設計**　黃一峯｜**內頁排版**　薛美惠｜**董事長**　趙政岷｜**出 版 者**　時報文化出版企業股份有限公司　**地址** 108019 台北市和平西路三段二四〇號七樓　發行專線—（02）23066842　讀者服務專線— 0800231705（02）23047103　讀者服務傳真—（02）23046858　郵撥—一九三四四七二四時報文化出版公司　信箱—一〇八九九台北華江橋郵局第九九信箱　時報悅讀網 http://www.readingtimes.com.tw｜**印刷**　勁達印刷有限公司——初版一刷 2023 年 7 月 7 日｜**定價**　新台幣 420 元｜缺頁或破損的書，請寄回更換

時報文化出版公司成立於一九七五年，一九九九年股票上櫃公開發行，
二〇〇八年脫離中時集團非屬旺中，
以「尊重智慧與創意的文化事業」為信念。

有方文化

擁抱，台灣的精靈：草鴞．穿山甲．黃喉貂．大赤鼯鼠．白面鼯鼠．白海豚．鯨豚追蹤全紀錄 / 白心儀作．-- 初版．-- 臺北市：時報文化出版企業股份有限公司，2023.07
面；　公分．--（人與土地；45）

ISBN 978-626-353-954-9（平裝）

1.CST: 動物保育 2.CST: 臺灣

548.38　　112008391

ISBN：978-626-353-954-9
Printed in Taiwan